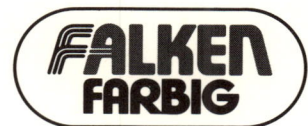

Margrit Gutta

Kinder lernen spielend backen

Titelseite: Napfkuchen, Rezept Seite 34
Butterplätzchen, Rezept Seite 28

CIP-Kurztitelaufnahme der Deutschen Bibliothek

Gutta, Margrit:
Kinder lernen spielend backen/Margrit Gutta –
Niedernhausen/Ts. : Falken-Verlag, 1980. (Falken farbig)
ISBN 3-8068-5110-7

ISBN 3 8068 5110 7

© 1980 by Falken-Verlag GmbH, 6272 Niedernhausen/Ts.
Fotos: Edith Gerlach, CMA, Jahreszeiten
Zeichnungen: Renate Dörr, Wiesbaden
Satz: LibroSatz, Kriftel
Druck: Oscar Brandstetter Druckerei KG, Wiesbaden

817 2635 4453 6271

Inhalt

Ein Wort an Eltern und Kinder 6
Liebe Eltern, liebe Kinderfreunde 6 · Liebe Mädchen und liebe Jungen 6

Backen ist nicht schwer 8
Bevor du mit dem Backen beginnst 8 · Was tun, wenn der Kuchen zu dunkel geworden ist? 9
Was tun, wenn sich der Kuchen nicht gut aus der Form löst? 9 · Was du vom Backofen wissen mußt 10
Die Backgeräte 10 · Backzutaten 12 · Schokoladenglasur im Wasserbad 14
Zuckerguß für Lebkuchen, Plätzchen und Kuchen 15 · Zuckerguß spritzen 16

Zum Puppen-Kaffeekränzchen 17
Geschenke für Naschkätzchen 17 · Nougatbusserln 17 · Konfetti-Bällchen 18 · Gefüllte Datteln 18
Mandelsplitter 20 · Kleiner Teekranz 21 · Kirschtörtchen mit Sahne 22 · Kalter Hund 24
Bunte Haselnußtorte 25 · Kranzkuchen 26 · Getränke, die zum Kuchen schmecken 30
Apfel-Bowle 30 · Honigmilch Biene Maja 30 · Erdbeermilch 31 · Sommerfrüchte in Melone 32

Backrezepte für Fortgeschrittene 34
Napfkuchen mit Rosinen 34 · Geburtstags-Schokoladentorte 36 · Friedas Nußkuchen 38
Mandelkuchen auf dem Blech 40 · Aprikosenküchlein 42

Wenn es nach Waffeln duftet 44
Biskuit-Waffeln 44 · Himbeer-Sahne-Füllung 45

Wir backen lauter bunte Lebkuchen 46
Lebkuchenteig 46

Rezepte für kleine Meister 49
Einladung am Sonntag 49 · Rosinenschnecken 50 · Grundrezept für Hefeteig 50
Hasen für das Osterfrühstück 52 · Bunte Ostereier 53 · Butter-Mäuschen 54
Piepenkerle oder Zopfflieseln 56 · Kirschenmichel 57

Pikantes Gebäck 58
Wer hat Appetit auf Pizza? 58 · Grundteig für Pizza 58
Pizza Neapolitana 59 · Pizza mit Salami 60 · Pizza mit Schinken 61
Schinken-Taschen 62 · Fleischrolle 63

Ein Wort an Eltern und Kinder

Liebe Eltern, liebe Kinderfreunde

Kinder – und seien wir ehrlich, auch Erwachsene – haben bekanntlich eine Vorliebe für süße Sachen. Und Kuchenbacken bietet nun einmal die Gelegenheit, zwischendurch etwas Teig oder Zuckerguß zu naschen.

Die meisten Kinder sind mit großer Begeisterung dabei, wenn es darum geht, Teig für einen Kuchen zu rühren oder für Plätzchen zu kneten, auszurollen und auszustechen. Sie entwickeln erstaunlich viel Phantasie, wenn sie nach eigenen Vorstellungen Teigfiguren entwerfen und nach dem Backen bunt dekorieren dürfen.

Wir fördern das Selbständigwerden der Kinder, wenn wir sie bei ihren Backversuchen unterstützen und uns mit ihnen über die ersten gelungenen Plätzchen oder den ersten Sonntagskuchen freuen.

Beim Auswählen und Ausprobieren der Backrezepte für dieses Buch wurde ich von Mädchen und Jungen im Alter zwischen vier und zwölf Jahren tatkräftig unterstützt.

Selbständig nach diesen Rezepten backen lernen können Kinder ab 8, also dann, wenn sie lesen können. Die Rezepte sind nach Schwierigkeitsgraden unterteilt, damit die Kinder das Backen stufenweise erlernen können: Ganz einfache Rezepte für Anfänger (A), Rezepte für Kinder, die schon ab und zu gebacken haben (B) und Rezepte für größere, selbständig gewordene Kinder (C).

Da die kleinen Kinder aber auch schon gerne zuschauen und helfen möchten, wenn die Mutter, Großmutter oder Tante Kuchen bäckt, sind die ersten Rezepte auf ganz kleine Mengen und kleine Backformen abgestimmt.

Liebe Mädchen und liebe Jungen

Weil ihr schon öfter mit Eifer beim Kuchenbacken zugesehen und dabei auch ab und zu vom Teig genascht habt, werdet ihr bestimmt auch Lust haben, selbst backen zu lernen. Es ist nicht schwer, Kuchen oder Plätzchen zu backen. Alle Mädchen und alle Jungen können es lernen, wenn sie es wollen. Je früher ihr mit dem Lernen beginnt, um so schneller könnt ihr euch an schwierigere Kuchen- oder Tortenrezepte wagen. Wichtig beim Backenlernen ist nur, daß ihr euch bei den ersten Versuchen – aber auch bei allen weiteren – ganz genau nach dem Backrezept richtet. Damit ihr anfangs ein leichtes Rezept findet und euch gleich beim ersten Mal über einen gelungenen Kuchen freuen könnt, sind alle Rezepte in diesem Buch danach eingeteilt, ob sie leicht oder etwas schwieriger zuzubereiten sind. Wenn ihr noch keine Erfahrung beim Backen habt, könnt ihr Rezepte wählen, die das Zeichen A (für Anfänger) haben.

Wer von euch schon ab und zu gebacken hat und etwas mutiger geworden ist, kann außerdem nach den Rezepten mit dem Zeichen B (für Fortgeschrittene) backen.

Habt ihr dagegen schon oft gebacken, könnt ihr euch auch an Rezepte wagen, die mit C (für geübte Kuchenbäcker und -bäckerinnen) gekennzeichnet sind.

Also: **A** für Anfänger

B für Fortgeschrittene

C für geübte Kuchenbäcker und -bäckerinnen

Einige Rezepte können auch von Kindern gebacken werden, die noch nicht selbst an den Backofen dürfen. Konfettibällchen und »Kalter Hund« können nämlich auch in der Puppenküche zubereitet werden.
Backen macht besonders viel Spaß, wenn ihr mehrere Kinder seid. Z. B. könnt ihr euch beim Plätzchenbacken die Arbeit teilen.
Auch ganz kleine Kinder können schon beim Ausrollen und Ausstechen, auf jeden Fall aber beim Teigprobieren, helfen.
Bevor ihr nun mit dem Backen beginnt, noch ein paar Tips, damit auch alles gelingt. Lest zunächst das erste Kapitel gründlich durch, damit ihr wißt, was alles zum Backen gebraucht wird und wie ihr mit den Geräten umgehen müßt.

Tips:
Wenn ihr mit viel klebrigen Zutaten backt, ist eine Küchenschürze nützlich, um eure Kleider zu schützen. Vergeßt nicht, die Hände gründlich zu waschen, bevor ihr mit dem Rühren oder Kneten des Teiges beginnt. Und noch ein kleiner Rat: Bitte hinterlaßt die Küche nicht als klebriges Schlachtfeld. Das Saubermachen und Wegräumen der Backgeräte gehört nun einmal auch zu den Pflichten eines guten Bäckers.

Backen ist nicht schwer

Natürlich hast du deiner Mutter öfter beim Kuchenbacken zugesehen und dabei auch ab und zu vom Teig naschen dürfen. Jetzt wirst du bestimmt Lust haben, selbst einen Kuchen oder Plätzchen zu backen. Das ist nicht schwer, wenn du dich bei deinen ersten Versuchen – aber auch bei allen nächsten Backübungen – genau nach dem Backrezept richtest. Lies vor allem das folgende Kapitel genau durch!

Bevor du mit dem Backen beginnst:

Lese das Rezept ganz genau durch, am besten zweimal;
stelle alle Geräte, die du zum Backen brauchst, bereit z. B. Rührschüssel, Rührlöffel oder das elektrische Handrührgerät, Teigschaber, Meßbecher, Küchenwaage, Backform, Backpinsel);
besorge alle Zutaten und wiege sie genau ab. Dazu kannst du die Küchenwaage oder einen Meßbecher mit Maß- und Gewichtseinteilung verwenden. Mit dem Meßbecher wird auch die Flüssigkeit (z. B. Wasser oder Milch) abgemessen;
fette die Kuchenform oder das Backblech mit Hilfe des Backpinsels ein und verwende dazu Öl oder Margarine. Wenn die Kuchenform lauwarm ist, weil du sie vorher z. B. mit heißem Wasser ausgespült und wieder abgetrocknet hast, läßt sich die Margarine besser verstreichen;

heize den Backofen vor. Die richtige Backtemperatur ist immer im Rezept angegeben. Wenn du in einer Kuchenform backst, schiebe den Rost im Backofen schon vor dem Anschalten in der gewünschten Höhe ein.
Benutze für hohe Backformen (z. B. Guglhupf oder Schokoladentorte) die untere Schiene zum Einschieben. Drehe den Rost aber mit der Wölbung nach oben. Der Kuchen steht dann beim Backen in der Backofenmitte;
erst wenn du alle Vorbereitungen getroffen hast, kannst du den Teig rühren. Aber richte dich dabei bitte auch wirklich nach der Rezeptangabe und vertausche nicht die Reihenfolge, in der die Zutaten zugegeben werden sollen;
den fertigen Teig dann in die Backform füllen und glattstreichen. Die Form in den Backofen schieben . . .
. . . und auf keinen Fall vergessen, den Küchenwecker einzustellen, damit du den Kuchen nicht etwa vergißt. Denn wenn dich erst Brandgeruch aus der Küche an ihn erinnert, wird dir das Backergebnis nicht so viel Freude machen.

Was tun, wenn der Kuchen zu dunkel geworden ist?

Wenn der Kuchen nicht ganz verbrannt, sondern nur an der Ober- oder Unterseite schwarz geraten ist, kannst du den Schaden meist noch beheben. Denn mit einem Messer oder einer kleinen Küchenreibe kannst du die verbrannten Stellen abkratzen oder abraspeln.

Damit die Reparaturstellen nicht zu sehen sind, pinselst du dann am besten einen weißen Zuckerguß oder eine Schokoladenglasur auf den Kuchen. Der verdeckt nicht nur, sondern schmeckt auch gut.

Ist der Kuchen nur wenig verbrannt, genügt es, wenn du ihn dick mit Puderzucker bestreust.

Was tun, wenn sich der Kuchen nicht gut aus der Form löst?

Den Kuchen stürzt man auf ein Kuchengitter. Zunächst einmal solltest du immer daran denken, vor dem Stürzen mit einem spitzen Messer zwischen Backformrand und Kuchen entlangzuschneiden. So ist der Rand schon gelockert. Wenn sich der Kuchen trotzdem nicht gleich löst, mache unter kaltem Wasser ein Geschirrtuch naß und lege es auf die umgedrehte Form – du wirst sehen, der Kuchen rutscht dann leichter heraus.

Tip:
Lasse dich durch einen eventuellen Mißerfolg beim ersten Backversuch nicht entmutigen. Denn zu allem, was man lernen möchte, gehört etwas Übung. Und die bekommst du am besten, wenn du so oft wie möglich backst!

Was du vom Backofen wissen mußt . . .

Der Backofen ist ganz wichtig, wenn wir einen Kuchen backen wollen. Denn ohne Backofenwärme bleibt der Kuchenteig roh und flüssig.

Es gibt verschiedene Arten von Backöfen. Am häufigsten sind Elektro-Backöfen oder Gas-Backöfen. Wenn du zum ersten Mal selbständig einen Kuchen backen möchtest, lasse dir vorher am besten von der Mutter zeigen, wie euer Backofen funktioniert. Beim nächsten Mal kannst du dann schon besser mit dem Herd umgehen.

Elektro-Backofen

Den Backofen heizt du vor, wenn du backen willst oder z. B. einen Kirschenmichel machst. Stelle die Backtemperatur (sie ist im Rezept immer angegeben) ein, bevor du mit dem Teigrühren beginnst.

Gas-Backofen

Den Gasbackofen brauchst du erst zu zünden, wenn der Kuchenteig fertig gerührt ist. Das Aufheizen geht sehr schnell.

Stelle die gewünschte Temperatur (es gibt Thermostat-Stufen von 1–8) ein.

Einschiebhöhen beim Backofen

Es gibt – je nach Herdmodell – 3 bis 4 Einschiebleisten, zum Einschieben des Kuchenbleches oder für den Bratenrost.

Den Bratenrost mußt du – mit der Wölbung nach oben – in der unteren Einschiebleiste einschieben, wenn du einen hohen Kuchen, z. B. Guglhupf, oder eine Schokoladentorte backen willst. Flaches Gebäck, wie Plätzchen und Lebkuchen, wird in der mittleren oder oberen Einschiebleiste eingeschoben.

Die Backgeräte

Nützliche Backgeräte in der Küche sind:

die Rührschüssel um darin den Teig zu rühren;

der hohe Rührbecher um darin Sahne oder Creme, auch Eiweiß zu schlagen;

das elektrische Handrührgerät weil damit das Rühren von Teig oder das Schlagen von Sahne usw. ganz einfach geht. Du kannst damit bestimmt gut umgehen, wenn du dir einmal zeigen läßt, wie das Gerät arbeitet. Benutze zum Rühren oder Schlagen die Schneebesen (= Rührbesen), bei festem Knetteig oder Hefeteig die Knethaken;

der Teigschaber um Teigreste gut aus der Rührschüssel schaben zu können oder um den Kuchenteig glattzustreichen;

Backformen die es in verschiedenen Größen gibt. Wenn du nicht genau weißt, ob deine Backform der Größe laut Rezeptangabe entspricht, messe den Durchmesser mit einem cm-Maß nach;

der Backpinsel den du zum Ausfetten der Backformen verwenden kannst. Oder um fertiges Gebäck mit Zuckerguß einzupinseln;

die Teigrolle auch Wellholz oder Nudelholz genannt; du brauchst sie zum Ausrollen von Pizza- oder Kuchenteig;

Ausstechförmchen zum Ausstechen von Plätzchen;

der Spritzbeutel mit verschiedenen Tüllen damit du Kuchen oder Torten schön mit Sahne oder Tortencreme verzieren kannst;

der Küchenwecker ist sogar ganz wichtig, um immer die Backzeit genau einzuhalten!

Topflappen brauchst du immer, wenn du den Kuchen aus dem Ofen nimmst;

mit Holzspießchen kannst du feststellen, ob der Kuchen richtig durchgebacken ist: Das Holzspießchen (z. B. ein Zahnstocher oder Schaschlikspieß) dazu von oben in den Kuchen stechen und wieder herausziehen. Mit den Fingern prüfen, ob kein Teig mehr anhaftet. Ist noch Teig am Hölzchen, den Kuchen weiterbacken lassen. Eventuell den Kuchen mit einem Stück Alufolie (oder Butterbrotpapier) zudecken, damit er nicht zu dunkel wird.

Backzutaten

Du kennst das alte Kinderlied:
»Wer will guten Kuchen backen, der muß haben sieben Sachen: Eier und Salz, Butter und Schmalz, Milch und Mehl, Safran macht den Kuchen gehl (= gelb).«
Wenn du den Vers genau durchliest, merkst du sicher gleich, daß es sich nicht um einen süßen Kuchen gehandelt haben kann, denn der Zucker wurde vergessen. Außerdem nehmen wir heute auch nicht mehr Safran, das ist ein Gewürz, um den Kuchen gelb zu machen. Dafür aber Backpulver oder Hefe, damit er schön locker wird.
Salz wird immer nur als Prise – also so viel, wie du zwischen Zeigefinger und Daumen halten kannst – zum Teig gegeben.
Butter und Schmalz oder auch eine gute Pflanzenmargarine kannst du für Kuchenteig verwenden. Für Rührteig sollte das Fett immer weich sein, damit das Teigbereiten

einfacher ist. Wenn du dagegen einen Teig knetest, z. B. für Butterplätzchen oder Tortenboden, ist es besser, wenn du kaltes Fett verwendest.

Backpulver macht den Kuchen locker. Am besten ist es, wenn das Backpulver immer mit dem Mehl vermischt wird, bevor es in den Teig kommt. Du darfst es auf keinen Fall in Flüssigkeit auflösen, weil es sonst seine Treibkraft verliert und der Kuchen dann nicht aufgeht. Kuchenteig, der Backpulver enthält, muß gleich gebacken werden.
Hefe macht Gebäck und Kuchen locker. Du kannst frische Hefe als Würfel kaufen oder Trockenhefe verwenden (1 Würfel oder 1 Päckchen für 500 g Mehl). Sie besteht aus kleinen Hefepilzen, die, wenn sie sich vermehren, den Teig auflockern und aufgehen lassen. Am besten tun sie das, wenn die Hefe mit lauwarmer Milch oder lauwarmem Wasser angerührt wird. Achte deshalb darauf, daß sie nie mit heißer Flüssigkeit in Berührung kommt, sonst geht der Teig nicht mehr auf!
Zucker soll zum Backen möglichst fein (= feine Raffinade) sein, damit er sich beim Teiganrühren besser auflöst.
Puderzucker heißt auch manchmal Staubzucker. Du brauchst ihn, um z. B. Zuckerguß zu machen oder einfach nur, um den fertig gebackenen Kuchen damit zu bestreuen (= besieben).
Mandeln und Nüsse kannst du gemahlen, fein gehackt oder in Plättchen geschnitten verwenden. Du kannst sie fertig vorbereitet kaufen.
Milch brauchst du häufig, wenn du einen Rührteig machst. Gib aber immer erst wenig Milch zu, damit der Teig nicht zu dünnflüssig wird. Tip: bei manchen Kuchen schmeckt Joghurt oder Buttermilch besser.
Mehl siebst du am besten durch, weil es dann lockerer wird. Das kannst du mit einem normalen Sieb machen oder mit einem Mehlsieb.

Eier sind wichtig, damit der Kuchenteig locker wird. Achte darauf, daß du frische Eier verwendest. Deshalb schlägst du jedes Ei immer erst über einer Tasse vorsichtig auf, damit du riechen kannst, ob es gut ist.

Wenn du ein Ei trennen mußt, weil du nur das Eiweiß oder das Eigelb für das Rezept brauchst, schlage die Schale vorsichtig auf dem Tassenrand oder mit einem Messer an. Dann breche das Ei so auf, daß das Eigelb in der einen Schalenhälfte bleibt, und lasse das Eiweiß in die Tasse darunter fließen. Oder benutze einen Eitrenner. Das Ei vorsichtig am Tassenrand aufschlagen und in den Eitrenner geben. Das Eigelb bleibt im Eitrenner, das Eiweiß läuft in die Tasse darunter. Wenn du das Eiweiß zu Schnee schlagen willst, achte darauf, daß beim Teilen kein Eigelb mit in das Eiweiß fließt.

Zitronen und Orangen sollen zum Backen möglichst naturrein sein, ihre Schalen also nicht gespritzt. Die Früchte vor dem Verwenden waschen und abtrocknen. Abgeriebene Zitronen- oder Orangenschale schmeckt in fast allen Kuchenteigen gut. Du kannst die Schale mit einer feinen Küchenreibe (Rohkostraspel) abreiben. Wenn du den Saft brauchst, schneide die Früchte waagerecht durch und drücke den Saft auf einer Zitronenpresse aus.

Schokoladenglasur im Wasserbad   A

Du brauchst dazu:
1–2 Becher Schokoladenglasur (es gibt sie in verschiedenen Größen: 125 g, 150 g, 250 g usw., also entweder 2 kleine oder einen großen Becher kaufen!).

Und so wird es gemacht:
Einen flachen, kleinen Topf zu etwa ⅓ mit heißem Wasser füllen. Eine kleine Kasserolle oder Porzellanschüssel suchen, die in diesen Topf paßt.

Die Schokoladenfettglasur aus dem Becher nehmen und in die kleine Kasserolle geben. Diese so in den größeren Topf stellen, daß kein Wasser in die Schokoladenglasur spritzt.

Den Topf auf den Herd stellen und Schaltstufe 2 oder 7 beim Elektroherd (7 = Automatikplatte, 2 = Normalplatte) oder mittelgroße Flamme beim Gasherd einstellen. Immer darauf achten, daß kein Wasser in die Glasur spritzt, weil die Schokoladenglasur sonst nach dem Trocknen fleckig aussieht.

Wenn die Schokoladenglasur geschmolzen ist, das Gebäck damit bepinseln oder bespritzen.

Zuckerguß für Lebkuchen, Plätzchen und Kuchen   A

Du brauchst dazu:

1 Paket Puderzucker (= Staubzucker, 250 g),
1 Eiweiß,
1–2 Eßlöffel Wasser;
zum Färben rote, grüne, gelbe, blaue Speisefarbe.

Und so wird es gemacht:

Puderzucker in eine Schüssel sieben, damit keine Klümpchen bleiben. Das Ei vorsichtig trennen, und das Eiweiß zum Puderzucker geben. Darauf achten, daß kein Eigelb mit hinein gerät. Nun Puderzucker und Eiweiß mit dem Schneebesen zu einem sehr dicken, weißen Guß rühren.

▲ Willst du aus dem Guß eine Verzierung aufspritzen, muß er ganz dickflüssig sein. Wenn er aber auf das Gebäck gepinselt werden soll, muß noch 1 Eßlöffel Wasser (nur bei Bedarf noch etwas mehr!) untergerührt werden. Der Guß soll aber nicht zu dünnflüssig werden.
Dann den Zuckerguß in Tassen oder kleine Schüsseln verteilen. Jede Portion mit 1 bis 3 Tropfen Speisefarbe einfärben. Immer erst die kleinste angegebene Menge dazugeben, damit du siehst, wie die Farbe wird.
Rosa Zuckerguß: in den weißen Zuckerguß 1 bis 3 Tropfen rote Speisefarbe rühren. Wenn du noch mehr Tropfen dazugibst, wird die Farbe noch kräftiger.
Gelber Zuckerguß: den weißen Zuckerguß mit gelber Speisefarbe oder dem übriggebliebenen Eigelb verrühren.
Oranger Zuckerguß: den weißen Zuckerguß mit je einem Tropfen roter und gelber Speisefarbe verrühren.
Brauner Zuckerguß: in den weißen Zuckerguß Instant Kaffeepulver oder Kakao rühren.

Zuckerguß spritzen   A

Wenn du auf dein Gebäck Zickzacklinien, Kringel, Schnörkel usw. aus Zuckerguß spritzen willst, brauchst du kleine Spritztüten. Diese kannst du dir selbst machen. Am besten aus Alufolie oder festem Butterbrotpapier. Schneide Quadrate von 15 x 15 cm aus. Rolle nun von einer Ecke zur gegenüberliegenden Ecke eine kleine Tüte. Wenn du den oberen Rand nach innen knickst, bekommt die kleine Tüte genügend Halt und bleibt zusammengerollt.

Schneide eine ganz kleine Öffnung (nur 1–2 mm) ab, durch die dann der Zuckerguß gedrückt wird.

Tip:
Wenn die Tüten nicht gelingen, kleine Frühstücksbeutel (etwa 18 cm groß) nehmen. In eine der unteren Ecken 2–3 Eßlöffel vom Zuckerguß füllen. Dann eine kleine Spitze abschneiden und den Zuckerguß vorsichtig auf das Gebäck spritzen. Den Beutel kannst du dann wieder für den nächsten Spritzguß – in einer anderen Farbe verwenden!

Zum Puppen-Kaffeekränzchen

In diesem Kapitel stehen nur Rezepte für Anfänger – mit einem A gekennzeichnet –, die gern backen lernen möchten. Wir backen also zuerst einmal für das Puppen-Kaffeekränzchen.
Am besten backst du deinen kleinen Kuchen dann, wenn deine Mutter ebenfalls einen Kuchen backt, denn dann könnt ihr beide Kuchen gleichzeitig backen und spart zusätzliche Backenergie.

Geschenke für Naschkatzen   A
(ohne Backofen zu machen)

Über selbstgemachte Geschenke freuen sich alle großen und kleinen Leute immer am meisten.
Wie wäre es, wenn du daher einmal selbstgemachtes Konfekt verschenkst? Denn alle, die gerne süße Sachen essen, sind bestimmt begeistert, wenn du sie mit Mandelsplittern, gefüllten Datteln oder Nougatbusserln aus deiner Küche überraschst.

Nougatbusserln   A

Busserl sind Küßchen, und Nougatbusserl eigenen sich daher für Naschkatzen, die du besonders lieb füttern möchtest.

Für 20–25 Stück brauchst du:
½ Glas Nuß-Nougatcreme (ca. 200 g),
100 g gemahlene oder gehackte Haselnüsse,
½ gestrichenen Kaffeelöffel gemahlene Gewürznelken (du kannst aber auch Zimt nehmen),
1–2 Eßlöffel Rum (wenn dein Geschenk für Erwachsene ist!),
70–100 g gehackte Haselnüsse oder Mandeln.

Und so wird es gemacht:
Gib die Nuß-Nougatcreme mit den gemahlenen Haselnüssen und den gemahlenen Gewürznelken (oder dem Zimt) in eine Schüssel. Verrühre alles gründlich mit einem Löffel.
Aus dieser Masse kannst du 20 bis 25 Kugeln rollen. Am gleichmäßigsten werden sie, wenn du zuerst eine große Rolle formst und diese in Stücke schneidest. Die Stücke werden dann zu Kugeln gerollt. Feuchte deine Hände mit kaltem Wasser an, dann geht es ganz leicht und nichts bleibt an den Händen kleben.
Den Rum gibst du in eine Tasse oder in ein Glas, die gehackten Haselnüsse oder Mandeln auf einen Teller.
Nun die Kugeln in Rum tauchen und dann in den Nüssen wälzen.
Lege die fertigen Busserl auf einen Teller und stelle sie bis zum Gebrauch in den Kühlschrank.
Dann kannst du s e hübsch verpacken oder verschenken.

Konfetti-Bällchen A
(ohne Backofen zu machen)

Konfetti-Bällchen kannst du machen, wenn du mit deinen Geschwistern oder Freundinnen spielst und eure Puppen – und ihr – Appetit auf etwas Süßes bekommen. Du brauchst dazu keinen Backofen.

Für 10-12 Stück brauchst du:
50 g Butter oder Margarine (das ist ungefähr ein gehäufter Eßlöffel),
3 gehäufte Eßlöffel Zucker,
1 gehäuften Eßlöffel Kakao,
1 gehäuften Eßlöffel Haferflocken,
2 bis 3 Eßlöffel Milch;
3 Eßlöffel bunte Zuckerstreusel (= 50 g), um die Bällchen darin zu wälzen.

Und so wird es gemacht:
Wenn du die Zutaten bei der Mutter »eingekauft« hast, gib alles außer den Zuckerstreuseln in eine Schüssel. Also die Butter, Zucker, Kakao, Haferflocken und Milch.
Mit einer Gabel werden jetzt alle Zutaten gut vermischt und mit den Händen zu einem dicken braunen Teig geknetet.
Daraus kleine Kugeln drehen. Am besten klappt es, wenn du deine Hände vorher mit kaltem Wasser naß machst. Die Kugeln sind dann außen glatter.
Anschließend schüttest du die bunten Streusel in eine kleine Schüssel und wälzt jede Kugel darin.
Die Konfetti-Bällchen erst noch eine ½ Stunde in den Kühlschrank stellen, bevor du sie servierst.
Sehr hübsch sieht es aus, wenn du in der Zwischenzeit ein kleines »Spitzendeckchen« aus weißem Papier ausschneidest. Wie du das machst, weißt du sicher. Lege das Deckchen dann auf einen kleinen Kuchenteller und die bunten Konfetti-Bällchen darauf.

> **Tip:**
> Du kannst ruhig auch Erwachsenen, die gerade in der Nähe sind, davon eines zum Probieren anbieten. Denn die Konfetti-Bällchen schmecken nicht nur Puppenkindern und Puppeneltern!

Gefüllte Datteln A

Für 25–30 Stück brauchst du:
250 g Datteln,
125 g Marzipan-Rohmasse (oder Nuß-Nougat),
1 Eßlöffel Rum,
1–2 Eßlöffel gehackte Mandeln,
1 Becher Schokoladenglasur.

Und so wird es gemacht:
Schneide die Datteln mit dem Küchenmesser an einer Seite der Länge nach auf, aber nicht ganz durch.
Löse den Kern heraus.
Gib die Marzipan-Rohmasse (oder, wenn du lieber magst, den Nuß-Nougat) mit Rum und den gehackten Mandeln in eine kleine Schüssel. Die Masse mit einem Löffel gut vermischen und dann zu einer Rolle formen.
Schneide die Rolle in soviel kleine Stücke, wie du Datteln hast. Jede Dattel mit Marzipanmasse füllen und die Datteln etwas zusammendrücken.

Die Schokoladenglasur in einer kleinen Kasserolle im Wasserbad schmelzen (wie auf Seite 14 erklärt). Die Datteln mit der flüssigen Schokoladenglasur bepinseln. Du kannst aber auch jede Dattel einzeln auf ein Holzspießchen (= Zahnstocher) stecken und in die Schokoladenglasur tauchen.

Die Datteln dann zum Abtropfen auf ein Kuchengitter legen. Am besten einen Teller darunter stellen, damit die Arbeitsfläche nicht zu sehr verklebt.

Wenn die Schokoladenglasur ganz fest geworden ist, kannst du die Datteln in kleine Papiermanschetten, in eine mit Seidenpapier ausgelegte Schachtel oder ein bemaltes Glas legen.

Tip:
Die kleinen Papiermanschetten gibt es als »Konfektmanschetten« im Papierwaren-Geschäft zu kaufen. Du kannst aber auch selbst welche aus Alufolie oder bunter Stanniolfolie machen.
Schneide dir dazu Kreise von 6 cm Durchmesser aus. Wenn du jeweils einer Kreis über eine Flaschenöffnung drückst, bekommst du kleine Becher, in die du das Konfekt legen kannst.

Mandelsplitter A

Du brauchst für 20—25 Stück:

1 Tafel Vollmilchschokolade (100 g),
1 Kaffeelöffel Kokosfett,
100—125 g Mandelstifte (gibt es fertig im Beutel),
1 Messerspitze gemahlenen Zimt,
1 Kaffeelöffel Nescafé,
1 Stück Alufolie (etwa 30 x 30 cm).

Und so wird es gemacht:

Die Schokolade zerbröckeln und mit dem Kokosfett in einen kleinen Topf geben.

Einen größeren, flachen Topf bis zu ⅓ der Topfhöhe mit heißem Wasser füllen. Die Kasserolle mit Schokolade und Fett in dieses Wasserbad stellen.

Den Topf auf den Herd stellen und die Schokolade bei kleiner Wärmestufe schmelzen (Elektro-Normalplatte Stufe 1, Automatikplatte Stufe 4; Gasherd kleine Flamme).

Mandelstifte, Zimt und Nescafé hineingeben und unterrühren. Die Kasserolle aus dem Wasserbad nehmen.

Mit Hilfe eines Kaffeelöffels nun kleine Mandel-Schokoladenhäufchen auf den Bogen Alufolie setzen.

Wenn die Schokolade fest geworden ist, sind die Mandelsplitter fertig. Du siehst, das geht recht schnell.

Löse die Mandelsplitter vorsichtig, damit sie nicht zerbröckeln, von der Alufolie. Am besten geht es, wenn du die Folie jeweils unter den Mandelsplittern nach unten biegst. Sie lassen sich dann leicht abheben.

Du kannst die Mandelsplitter in kleine Papiermanschetten, in ein selbstbemaltes Glas, eine verzierte Dose oder ein kleines Körbchen legen.

Kleiner Teekranz   A

Bild S. 23

Wenn du für 3 bis 4 Kinder zum Nachmittagstreffen einen Kuchen brauchst, reicht es, wenn du nur einen kleineren Kuchen bäckst.

Dafür brauchst du:

100 g Butter oder Margarine,
75 g Zucker,
1 Päckchen Vanillezucker,
1 großes Ei (oder 2 kleine),
150 g Mehl,
1 gestrichenen Kaffeelöffel Backpulver,
50 g gemahlene Haselnüsse (oder Mandeln),
2 Eßlöffel Milch,
100 g kandierte Kirschen,
150 g Puderzucker,
2 Eßlöffel Wasser oder Zitronensaft.

Und so wird es gemacht:

Wiege alle Zutaten auf der Küchenwaage genau ab und stelle sie dir bereit. Richte ebenso alle Backgeräte her. Als Kuchenform brauchst du eine kleine Napfkuchenform mit einem Durchmesser von etwa 16 cm.
Fette die Form mit ungefähr ½ Kaffeelöffel Butter von der angegebenen Menge aus.
Heize den Elektrobackofen auf 200° vor (den Gasbackofen, Stufe 3, erst anmachen, wenn der Teig fertig ist).
Gib die weiche Butter, Zucker und Vanillezucker in die Rührschüssel. Rühre alles schön schaumig. Wenn du mit dem elektrischen Handrührgerät arbeitest, dauert das Rühren 5 Minuten. Wenn du mit dem Rührlöffel arbeitest, solltest du mindestens 10 Minuten rühren.

Das Ei vorsichtig über einer Tasse aufschlagen und dann unterrühren. Mehl und Backpulver mit dem Mehlsieb langsam in die Schüssel sieben. Dabei immer weiterrühren. Dann die gemahlenen Haselnüsse und die Milch unterrühren.
Von den kandierten Kirschen 3 bis 4 zum Verzieren zurücklassen. Die anderen in kleine Stücke schneiden und mit einem Kaffeelöffel voll Mehl bestäuben. Dann locker in den Teig rühren.
Fülle den Teig in die Form und streiche ihn glatt.
Stelle die Form auf den nach unten gewölbten Rost und schiebe sie in die mittlere Schiene des Backofens.
In 25 bis 35 Minuten bäckt dein Teekranz zu einer goldgelben Farbe. Prüfe aber vor dem Herausnehmen mit einem Holzspießchen, ob er richtig durchgebacken ist. Wenn du das Holzspießchen aus dem Kuchen herausziehst, darf kein klebriger Teig mehr daran sein.
Die Form mit den Topflappen aus dem Backofen nehmen, 2 bis 3 Minuten abkühlen lassen, den Rand rundherum mit einem spitzen Messer lockern. Dann den Kuchen so stürzen, wie du es gelernt hast. Die Form abnehmen.
Nach etwa einer Stunde ist der Kuchen abgekühlt und du kannst ihn mit Zuckerguß überziehen.
Siebe den Puderzucker in eine kleine Schüssel und verrühre ihn mit etwas Wasser oder Zitronensaft. Gib den Guß löffelweise auf den Kuchen und lasse ihn gleichmäßig verlaufen. Dann die kandierten Kirschen halbieren oder in Stückchen schneiden und obenauf kleben.

> *Tip:*
> Wenn du den Kuchen erst am nächsten oder übernächsten Tag brauchst, kannst du ihn in Alufolie einpacken oder in einer gut schließenden Kuchendose aufbewahren.
> Du sparst Backenergie, wenn du gemeinsam mit der Mutti backst. Denn zwei Kuchenformen haben bequem im Backofen Platz.

Kirschtörtchen mit Sahne A Bild S. 23

Du brauchst dafür:

125 g Mehl,
60 g Butter oder Margarine,
60 g Zucker,
1 Päckchen Vanillezucker,
1 Ei,
eine Prise Salz;
für den Belag:
250 g Kirschen (du kannst auch Erdbeeren oder Himbeeren verwenden),
⅛ l Wasser,
½ Päckchen Tortenguß klar (= 2 gestrichene Kaffeelöffel),
1 Eßlöffel Zucker.

Und so wird es gemacht:

Du brauchst eine Tortelettform mit 14 cm Durchmesser oder drei Tortelettförmchen mit 6 bis 7 cm Durchmesser. Fette sie gut aus. Stelle die Backgeräte bereit und wiege alle Zutaten ab.

Das Mehl auf die Arbeitsfläche oder den sauberen Küchentisch sieben. Die Butter in kleine Stückchen schneiden und darübergeben, Zucker und Vanillezucker darüberstreuen.

Mit einem Löffel in den Mehlberg eine Mulde drücken. Das Ei über einer Tasse aufschlagen, dann in die Mulde gießen. Salz (aber wirklich nur eine Prise) darüber streuen.

Verrühre erst das Ei mit etwas Mehl aus der Mitte. Dann hackst du alle Zutaten mit einem großen Messer gut durcheinander. Mit sauberen Händen knetest du alles solange, bis ein glatter Teigkloß entstanden ist. Du kannst ihn 15 Minuten in den Kühlschrank legen, falls er dir zu weich erscheint.

Danach etwas Mehl auf die Arbeitsfläche stäuben und den Teigkloß mit der Kuchenrolle (wenn du eine Kinder-Kuchenrolle besitzt, nimm natürlich diese!) zu einem Kreis ausrollen. Der Teig soll genauso groß wie die Kuchenform sein. Lege diese nun mit der Öffnung nach unten auf den Teig und drücke die Form fest ein. Mache das so, wie beim Ausstechen von Plätzchen.

Wenn du die Form hochgenommen hast, brauchst du den ausgestochenen Teigboden nur noch rundherum fest in die Form drücken. Steche den Teigboden ein paarmal mit einer Gabel ein, damit sich beim Backen keine großen Luftblasen bilden.

Den Bratenrost auf der mittleren Schiene, die Wölbung nach oben, einschieben. Die Tortelettform daraufstellen und das Törtchen in 12 bis 15 Minuten bei mittlerer Hitze zu schöner Farbe backen.

Den Kuchen vorsichtig auf das Kuchengitter stürzen – die Form dabei mit Topflappen halten, damit du dich nicht verbrennst – und abkühlen lassen.

Für den Belag die Früchte kalt waschen und mit Haushaltspapier (= Küchenkrepp) trockentupfen. Wenn du Kirschen verwendest, zupfe die Stielchen ab und entkerne sie am besten mit einem Kirschenentkerner (laß dir von einem Erwachsenen zeigen, was du dabei beachten mußt!).

Den Tortenboden dick mit den Früchten belegen.

Vom Tortengußpulver hast du sicher schon genau 2 gestrichene Kaffeelöffel abgemessen, das ist ein ½ Päckchen, und in eine Tasse gegeben. Zucker und 2 Eßlöffel des bereitgestellten Wassers zufügen und alles glatt verrühren.

In einem kleinen Topf bringst du das Wasser zum Kochen.

Die Rezepte für die hier abgebildeten Kuchen findest du
auf den Seiten 21–25.

Mit einem Schneebesen den Tortenguß in das Wasser
rühren. Einmal aufkochen lassen, den Topf vom Herd
nehmen.
Lasse den Tortenguß eine Minute abkühlen, bevor du ihn
löffelweise über die Kirschen gibst.
Nach einer ½ Stunde ist der Guß fest, und du kannst das
Törtchen servieren.

Kalter Hund A

Bild S. 23

(ohne Backofen zu machen)

Wer dem Kuchen diesen Namen gegeben hat, läßt sich nicht mehr feststellen.

Was du aber ganz leicht selbst feststellen kannst, ist, daß sich der Kuchen sehr einfach nachmachen läßt und prima schmeckt. Ein kleiner »Kalter Hund« reicht für 3 bis 4 Kinder. Wenn du noch mehr Gäste hast und auch Erwachsene mitessen möchtest, mußt du alle Zutaten verdoppeln und dann auch eine größere Form verwenden.

Du brauchst für 3–4 Kinder:

Alufolie,
250 g Kokosfett (z. B. Palmin, Biskin usw.),
2 Eier,
125 g feinen Zucker (Puderzucker),
1 Päckchen Vanillezucker,
2 gehäufte Eßlöffel Kakao,
1 Messerspitze Zimt,
250 g rechteckige Butterkekse (eventuell 4–6 Stück mehr).

Und so wird es gemacht:

Du brauchst eine kleine Kastenform (Länge etwa 18 cm, Breite 6–7 cm). Lege sie glatt mit einem Stück Alufolie aus.

Gib das Pflanzenfett in einen kleinen Topf und lasse es auf dem Herd (Elektroplatte 2 oder Automatikplatte 8, Gasherd mittelgroße Flamme) schmelzen. Dann nimm den Topf vom Herd – das Abschalten nicht vergessen – und lasse das Fett abkühlen.

Nun kannst du alle übrigen Zutaten und Geräte bereitstellen. Du brauchst eine Rührschüssel und das elektrische Handrührgerät.

Die Eier einzeln über einer Tasse aufschlagen. Wenn sie gut sind, in die Rührschüssel geben. Mit dem elektrischen Handrührgerät – Schaltstufe II – oder einem Schneebesen die Eier gut schaumig rühren. Puderzucker und Vanillezucker unterschlagen. Dann Kakao, Zimt und Löffel für Löffel das abgekühlte Kokosfett (es darf nur noch lauwarm sein!) in die Zuckermasse rühren.

Einen gehäuften Eßlöffel der Schokoladenmasse auf den Boden der Kastenform geben. Mit dem Löffel glattstreichen. Darauf eine Lage Butterkekse legen. Eventuell mußt du die Kekse halbieren, damit du die Form bis zum Rand auslegen kannst.

Auf die Kekse streichst du dann wieder Schokoladenmasse, dann folgt die nächste Keksschicht. So lange Schokoladen- und Keksschicht abwechseln, bis die Masse und die Kekse aufgebraucht sind. Die letzte Lage soll aus Keksen bestehen.

Dann die Form in den Kühlschrank stellen und den Kekskuchen in 1 bis 2 Stunden oder über Nacht fest werden lassen.

Wenn du den kalten Hund anrichten willst, hebe ihn einfach mit der Folie aus der Form. Eventuell festgeklebte Stellen kannst du mit einem Messer lockern. Drehe den Kuchen um, ziehe die Folie ab und lege dein Schokoladenwerk auf einen Teller.

Tip:
Der Kekskuchen läßt sich einfacher schneiden, wenn du ein Sägemesser nimmst und dieses vorher in heißes Wasser tauchst.

Bunte Haselnußtorte   A

Bild S. 23

Für eine kleine Haselnußtorte mit bunten Streuseln, aus der du 6 oder 8 Stücke schneiden kannst,

Du brauchst:
100 g Butter oder Margarine,
100 g Zucker,
1 Päckchen Vanillezucker,
2 große Eier,
100 g Mehl,
2 gestrichene Kaffeelöffel Backpulver,
100 g gemahlene Haselnüsse;
½ Glas Nuß-Nougatcreme,
bunte Zuckerstreusel,
Schokoladenstreusel,
2 Eßlöffel gehackte Mandeln,
½ Becher süße Sahne.

Und so wird es gemacht:
Stelle dir alle Backgeräte bereit. Fette eine Springform mit 18 oder 20 cm Durchmesser innen gut ein. Nimm dazu ½ Kaffeelöffel von der angegebenen Fettmenge.
In die Rührschüssel weiche Butter, Zucker und Vanillezucker geben. Mit dem Rührlöffel oder mit dem elektrischen Handrührgerät (Schneebesen benutzen) sehr schaumig rühren.
Die Eier einzeln über einer Tasse aufschlagen. Erst ein Ei unterrühren, dann das nächste zugeben und unterrühren.
Das Mehl mit dem Backpulver vermischen, nach und nach in den Teig sieben und verrühren. Dann die gemahlenen Haselnüsse untermischen.
Den Teig in die ausgefettete Springform füllen und glattstreichen.

Den Bratrost in die Mitte des Backofens einschieben. Die Form daraufsetzen und in 25 Minuten (Elektrobackofen auf 200° C vorgeheizt; Gasbackofen Stufe 3) zu schöner Farbe backen.
Prüfe vor dem Herausnehmen mit dem Holzspießchen, ob der Kuchen richtig durchgebacken ist. Du weißt, es darf kein weicher Teig mehr an dem Hölzchen anhaften, das du in den Kuchen einstichst und wieder herausziehst.
Nimm die Form mit dem Topflappen aus dem Backofen. Lockere den Kuchen am Rand mit einem spitzen Messer. Dann den Kuchen auf das Kuchengitter stürzen und den Rand abnehmen.

Nach einer Stunde ist die Torte ausgekühlt, so daß du sie füllen und verzieren kannst.
Schneide sie dazu waagerecht mit einem großen Messer durch. Bestreiche den unteren Boden mit 2 bis 3 Eßlöffeln Nuß-Nougatcreme. Lege die obere Hälfte darauf und drücke sie fest. Bestreiche die Torte auch oben dünn mit Nuß-Nougatcreme.
Schneide aus Alufolie einen Kreis aus. Benutze als Muster für die Größe den Boden der Springform. Diesen Kreis teilst du in sechs gleiche Stücke und schneidest ein Sechstel heraus. Seid ihr 8 Kaffeegäste, machst du Achtel.
Nun legst du die Alufolie auf die Torte und streust in das offene Stück bunte Streusel. Dann drehst du die Alufolie vorsichtig weiter, bis das bestreute Stück verdeckt ist. Jetzt kommen Schokoladenstreusel auf das freie Kuchenstück. Weiterdrehen und gehackte Mandeln daraufstreuen. Dann wieder bunte Streusel usw., bis die ganze Oberfläche verziert ist. So sind die Tortenstücke schon gekennzeichnet, wenn du die Torte aufschneidest.
Schlage die Sahne im hohen Rührbecher mit dem elektrischen Handrührgerät steif. Fülle sie in einen Spritzbeutel und verziere die Tortenstücke mit Sahnetupfen.

Kranzkuchen   A

Dafür brauchst du:

Margarine zum Auspinseln der Backform,
60 g Margarine oder Butter,
3 gestrichene Eßlöffel Zucker (etwa 50 g),
1 Päckchen Vanillezucker,
1 Ei,
100 g Mehl,
½ gestrichenen Kaffeelöffel Backpulver,
1–2 Eßlöffel Milch,
etwas Puderzucker zum Bestreuen.

Und so wird es gemacht:

Du brauchst eine kleine Kranzkuchenform von 12 oder 14 cm Durchmesser. Die Form innen mit etwas Margarine auspinseln. Es reicht ein Stückchen, so groß wie eine Haselnuß.
Gib die weiche Margarine oder Butter, Zucker und Vanillezucker in die Rührschüssel.
Rühre alles mit dem Kochlöffel ganz cremig. Das Ei schlägst du vorsichtig über einer Tasse auf und gibst es dann in die Schüssel. Dann noch 5 Minuten weiterrühren.
Vermische das Mehl mit dem Backpulver, siebe es und rühre es langsam – also Löffel für Löffel – in den Teig. Die Milch kannst du unterrühren, falls der Teig zu zäh ist.
Fülle den Teig in die Backform und streiche ihn mit dem Teigschaber oder einem Löffel glatt.

Jetzt kannst du deine Mutter bitten, deinen Kuchen in die Mitte des Backofens einzuschieben. Die Backtemperatur soll beim Elektroherd 200° C sein, beim Gasherd Stufe 3.
Dein Kuchen muß 20 bis 25 Minuten backen.
Bevor du ihn, nach Ablauf dieser Zeit, aus dem Backofen nimmst, steche ihn mit einem Holzspießchen, z. B einem Zahnstocher, oben ein. Ziehe es wieder aus dem Kuchen und prüfe, ob kein klebriger Teig mehr an dem Hölzchen ist. Der Kuchen ist fertig gebacken, wenn am Hölzchen kein Teig klebt. Bleibt etwas Teig am Hölzchen, dann lasse den Kuchen lieber noch 5 Minuten länger backen.
Nimm den Kuchen mit Topflappen aus dem Backofen und stürze ihn auf ein Kuchengitter. Deine Mutter zeigt dir beim ersten Kuchen ganz sicher, wie du es am besten machst.
Wenn der Kranzkuchen abgekühlt ist, siebst du etwas Puderzucker darüber, das macht ihn noch schöner.
Decke den Puppentisch mit Tassen und Tellern. In die Mitte stellst du den Kranzkuchen.

> *Tip:*
> Du kannst auch einen Zuckerguß auf den Kuchen pinseln. Dafür brauchst du 4 Eßlöffel Puderzucker und 1 Eßlöffel Wasser. Puderzucker und Wasser verrührst du in einer kleinen Schüssel mit einem Löffel. Dann den Zuckerguß mit einem Backpinsel auf den Kuchen pinseln. Und wenn du zum Verzieren noch ein paar Gummibärchen oder bunte Belegkirschen hast, sieht der Kuchen noch schöner aus.

> *Tip:*
> Wenn du den Teigschaber oder Löffel mit kaltem Wasser naß machst, läßt sich der Teig ganz glatt streichen!

Kuchen alleine schmeckt natürlich zu trocken. Deshalb machst du am besten dazu noch einen Schokotrunk.

Butterplätzchen   A

Butterplätzchen schmecken immer. Wenn du gleich eine größere Portion backst, kannst du einen Teil der Plätzchen als Vorrat für Besuch oder einfach zum Knabbern in der Familie in einer gut schließenden Blechdose oder einem Glas mit Schraubverschluß aufbewahren.

Spaß macht das Plätzchenbacken natürlich erst recht, wenn du es mit mehreren Kindern zusammen machst.

Aus den Zutaten, die für etwa 100 Butterplätzchen reichen, kannst du auch Teig für größere, bunte Figuren machen. Wenn ein Kinderfest gefeiert werden soll und du eßbare Tischkärtchen haben willst, machst du für jedes Kind ein Plätzchen von etwa 10 cm Durchmesser. Mit buntem Zuckerguß kannst du Gesichter aufpinseln oder die Namen deiner Gäste aufspritzen.

Für den Teig brauchst du:

500 g Mehl,
1 gehäuften Kaffeelöffel Backpulver,
250 g Butter oder Margarine,
200 g Zucker,
2 Päckchen Vanillezucker,
1 Messerspitze Salz,
1 Messerspitze gemahlenen Zimt, 2 Eier.
Wenn du hast, 1–2 Eßlöffel Joghurt oder saure Sahne.

Und so wird der Teig gemacht:

Fette das Backblech mit etwas Butter (oder Öl) ein. Wenn deine Mutter zwei Bleche hat, fette beide ein, dann geht das Backen schneller.

Alle Zutaten genau abwiegen. Mehl und Backpulver mit dem Mehlsieb auf das große Backbrett oder die saubere Arbeitsfläche sieben. Die Butter oder Margarine in kleine Stückchen (= Flöckchen) schneiden und über das Mehl verteilen. Zucker, Vanillezucker, Salz und Zimt darüber streuen. In den Mehlberg eine Vertiefung drücken. Die Eier einzeln über einer Tasse aufschlagen, in die Mulde gießen und mit Mehl verrühren.

Mit einem breiten Messer oder dem Pfannenmesser alle Zutaten zusammenhacken und kneten. Du brauchst Kraft und Zeit, bis du alles so gut verknetet hast, daß es ein glatter Teig ist.

Lege den Teig auf einen Teller und stelle ihn eine halbe Stunde in den Kühlschrank.

Wenn der Teig durchgekühlt ist, teile ihn in vier Portionen, denn mit kleineren Mengen geht das Ausrollen leichter.

Bevor du mit dem Ausrollen beginnst, streue etwas Mehl auf die Arbeitsfläche und das Rollholz. Heize den Backofen (Elektroherd auf 220° C; Gasherd auf Stufe 4) vor.

Nun den Teig zu gleichmäßig dicken Platten ausrollen. Je nach gewünschter Plätzchengröße 3 bis 5 mm dick. Wenn nötig, stäubst du dabei immer wieder ganz wenig Mehl auf die Teigplatte und drehst sie zwischendurch auch einmal um. Dann mußt du aber wieder die Arbeitsfläche bestäuben.

Jetzt kannst du mit den verschiedenen Ausstechförmchen Figuren ausstechen: Herzen oder Schmetterlinge, runde Plätzchen, Vögel und was du sonst noch magst.

Die Figuren vorsichtig auf das Backblech legen, damit sie sich nicht verformen. In der mittleren oder oberen Schiene (das richtet sich nach dem Herdmodell) in den Backofen schieben. In 10 bis 15 Minuten goldgelb backen. Lasse das Buttergebäck nicht braun werden, es schmeckt dann nicht so gut. Also stelle auf dem Küchenwecker lieber nur 10 Minuten Backzeit ein und passe danach gut auf, daß die Plätzchen nicht zu dunkel werden.

Das Backblech mit den Topflappen aus dem Backofen nehmen. Die Plätzchen mit dem Pfannenmesser herunterheben und abkühlen lassen.

Wenn du inzwischen ein zweites Blech vorbereiten konntest, ist es prima. Sonst das jetzt freigewordene Blech mit einem feuchten Tuch abwischen, wieder neu einfetten und die nächsten Plätzchen darauflegen.

Wenn alle Plätzchen fertig gebacken sind, kann das Verzieren beginnen. Du kannst sie aber auch ohne Guß aufbewahren.

Tip:
Wenn du bunte Plätzchen magst, mache einen Zuckerguß. Bestreiche die Plätzchen damit und klebe bunte Lakritzstangen oder Smarties darauf, oder streue Schokoladenstreusel darüber.

Getränke, die zum Kuchen schmecken

Obwohl das ja eigentlich ein Backbuch ist, findest du hier auch Rezepte für Getränke. Denn hast du schon einmal Kuchen oder süße Plätzchen gegessen, ohne dabei Durst zu bekommen? Am gesündesten ist natürlich Milch oder ein Milchgetränk. Es schmecken aber auch Tee, Malzkaffee oder Fruchtsäfte dazu.

Apfel-Bowle   A

Für 4 durstige Gäste brauchst du:
3 Äpfel (Cox Orange),
1 Zitrone,
1 Päckchen Vanillezucker,
2–3 Eßlöffel Zucker,
1 Messerspitze gemahlener Zimt,
1 l Apfelsaft,
(eventuell ½ Flasche Selterswasser).

Und so wird es gemacht:
Äpfel waschen dann schälen und durchschneiden. Das Kerngehäuse herausschneiden. Die Apfelstücke in dünne Scheiben und diese dann in Streifen schneiden. Die Apfelstreifen in eine große Schüssel oder einen großen Glaskrug für 2 l geben. Die Zitrone durchschneiden und auf der Zitronenpresse ausdrücken. Den Saft über die Apfelstreifen gießen. Vanillezucker, Zucker und Zimt darüberstreuen. Im Kühlschrank 15 Minuten stehen lassen.
Dann den kalten Apfelsaft – und eventuell Selterswasser – über die Apfelstreifen gießen. Gut umrühren und in Gläser verteilen.

Honigmilch Biene Maja   A

Du brauchst für 4 Tassen oder Gläser:
½ l Milch,
2 Eßlöffel Honig,
2 Eßlöffel Nesquik-Kakao,
1 Eßlöffel Instant Kaffee (ohne Koffein, Caro).

Und so wird es gemacht:
Spüle einen Topf mit kaltem Wasser aus, denn dann hängt die Milch nicht an, und gieße die Milch hinein. Stelle den Topf auf die Kochstelle (Elektroherd Schaltstufe 2 oder 8, Gasherd mittelgroße Flamme) und erhitze die Milch. Sie braucht nicht zu kochen.
Nimm den Topf vom Herd und rühre Honig, Nesquik und Instant Kaffee hinein. Dann die Honigmilch in Tassen oder Gläser gießen und servieren.

Erdbeermilch   A

schmeckt besonders gut im Sommer, z. B. zu Mandelkuchen (S. 40), zu Napfkuchen (S. 34), oder wenn du Waffeln gebacken hast.

Du brauchst für 4 Gläser:

200 g Erdbeeren,
100 g Zucker, 1 Päckchen Vanillezucker,
600 ccm Milch,
½ Becher Sahne, wenn du damit verzieren willst.

Und so wird es gemacht:

Die Erdbeeren waschen und abtropfen lassen. Die Stielchen abzupfen. Die Erdbeeren in den Mixer geben und auf Schaltstufe II pürieren. Wenn du keinen Mixer hast, kannst du die Erdbeeren auch kleinschneiden und auf einem Teller mit einer Gabel zerdrücken, bis sie fein musig sind.
Gib Zucker, Vanillezucker und die kalte Milch zum Erdbeerpüree und mixe es auf Schaltstufe II oder III im Mixer 2 Minuten durch. Sonst kannst du alles gründlich mit einem Schneebesen miteinander verschlagen.
Die Erdbeermilch in Gläser füllen. Wenn du willst, kannst du mit steif geschlagener Sahne verzieren, die du in einen Spritzbeutel mit Sterntülle füllst, um Sahnetupfen – wie auf dem Bild – obenauf setzen zu können. Oder du gibst einfach ½ Eßlöffel Sahne auf jedes Glas.

> *Tip:*
> Anstelle der Erdbeeren kannst du auch Himbeeren, eine Banane oder Heidelbeeren verwenden, um daraus leckere Milch-Mixgetränke zu zaubern.
> Milch-Mixgetränke müssen immer sofort serviert und getrunken werden, weil die Milch sonst durch die Säure der Früchte flockig wird.

Sommerfrüchte in Melone   B

Mit diesem Obstsalat kannst du deine Festgäste oder deine Familie verwöhnen!

Für 6–8 Personen brauchst du:

1 mittelgroße, reife Wassermelone,
250 g grüne und blaue Weintrauben,
2 Pfirsiche (oder Nektarinen, eventuell 4 Hälften aus der Dose),
1 Apfel,
1 Packung tiefgefrorene Erdbeeren
(wenn es keine frischen mehr gibt);
1 Zitrone,
100 g Zucker,
1 Päckchen Vanillezucker;
1 Becher süße Sahne,
2 Eßlöffel Zucker.

> *Tip:*
> Man kann auch Papayas, frische Feigen
> oder andere Früchte unter den Obstsalat mischen.

Und so wird es gemacht:

Die Melone waschen und abtrocknen. Ungefähr das obere Viertel der Melone als Kappe abschneiden. Mit einem Löffel die Kerne herausschaben, was du mit ihnen machen kannst, sagt dir unser Tip.
Schneide jetzt rundherum das Fruchtfleisch aus der Melone, lasse dabei aber einen ½ cm dicken Rand stehen. Beschädige möglichst nicht die Schale.
Das herausgelöste Melonenfleisch in 1 cm große Würfel schneiden und in eine große Schüssel geben.

Die gewaschenen Weintrauben abzupfen, die Beeren halbieren und eventuell große Kerne herauslösen.
Die Pfirsiche entsteinen und in Würfel schneiden.
Den Apfel schälen, vierteln und das Kerngehäuse herausschneiden. Die Apfelviertel in kleine Würfel oder dünne Streifen schneiden.
Alle Früchte in die Schüssel geben, auch die Erdbeeren, tiefgefroren oder frisch, dann aber gewaschen und halbiert.
Den Saft der Zitrone, Zucker und Vanillezucker über die Früchte geben. Alles locker durchheben und den Fruchtsalat zum Durchkühlen etwa 30 Minuten in den Kühlschrank stellen.
Zum Anrichten kann die leere Melone benutzt werden. Schneide den oberen Rand – und auch den Kappenrand – im Zickzack ein. Am Boden der Melone schneidest du eine flache, große Scheibe ab, ohne ein Loch in die dicke Schale zu schneiden, damit die Melone genügend Stand hat.
Den durchgekühlten Obstsalat dann in der Melone anrichten. Wenn der Salat nicht ganz hineinpaßt, macht das nichts, denn alle freuen sich, wenn du die leergegessene Melone nochmal nachfüllst.
Dazu gibt es steifgeschlagene Sahne. Gib die gekühlte Sahne in den hohen Rührbecher und schlage sie mit dem elektrischen Handrührgerät steif. Dann erst den Zucker unterschlagen.

> *Tip:*
> Wenn du Lust hast, kannst du die Melonenkerne aus den Häuten des Kerngehäuses herausklauben, kurz abwaschen und in einem Küchentuch abtrocknen. Du kannst sie zu einer braunglänzenden Kette auffädeln!

Backrezepte für Fortgeschrittene

Wer schon einige Erfahrung beim Kuchen- und Torten-backen hat, dem werden diese etwas schwierigeren Rezepte – mit dem Buchstaben B gekennzeichnet – gut gelingen. Aber nicht vergessen: Zuvor das erste Kapitel lesen!

Napfkuchen mit Rosinen   B

Mit einem Napfkuchen kannst du am Sonntag deine Familie überraschen oder auch einem netten Besuch beweisen, daß du schon ein guter Bäcker bzw. eine gute Bäckerin bist.

Dafür brauchst du:

250 g Margarine oder Butter,
200 g Zucker,
1 Päckchen Vanillezucker,
4 Eier,
500 g Mehl,
1 Päckchen Backpulver,
⅛ l Milch (knapp messen, also 2 Eßlöffel weniger),
75 g Rosinen,
Puderzucker.

Und so wird es gemacht:

Stelle dir alle Geräte bereit, wiege die Zutaten genau ab. Fette eine Napfkuchenform (= Guglhupfform oder Springform mit dem Kranzeinsatz, Durchmesser 26 cm) innen gut mit Margarine aus. Das geht am besten mit dem Backpinsel.

Schiebe den Bratenrost in die untere Schiene des Back-ofens, mit der Wölbung nach oben. Heize den Backofen des Elektroherdes auf 200° C vor. Den Gasherd, Stufe 3, schaltest du erst ein, wenn der Teig fertig ist.

In die Rührschüssel weiche Margarine oder Butter, Zucker und Vanillezucker geben. Alles mit dem elektrischen Handrührgerät (mit Schneebesen) gut schaumig rühren.

Schlage die Eier jeweils über einer Tasse auf und gib zuerst nur ein Ei in die Rührschüssel. Wenn du es untergerührt hast, kannst du das nächste zugeben usw.

Vermische das Mehl mit dem Backpulver und siebe es nach und nach in den Teig. Gib auch immer etwas Milch dazu. Achte aber darauf, daß der Teig nicht zu dünnflüssig wird. Er muß zähflüssig in die Schüssel fallen, wenn du mit einem Löffel Teig hochnimmst.

Die Rosinen werden erst zum Schluß in den Teig gerührt. Wenn sie geschwefelt sind, was auf der Packung stehen muß, gib sie in ein Sieb und wasche sie kurz in Wasser. Dann abtropfen lassen und mit einem Geschirrtuch oder Haushaltspapier abtrocknen. Am besten ist es aber, wenn du naturreine Rosinen kaufst. Diese brauchst du nicht zu waschen. Reibe sie nur etwas zwischen den Händen, damit die Stielchen abfallen.

Bestäube die Rosinen mit etwas Mehl, damit sie im Teig besser Halt haben. Nasse Rosinen rutschen nämlich im Teig bis auf den Boden der Form durch.

Den fertigen Kuchenteig in die ausgefettete Napfkuchenform füllen und glattstreichen. Auf den Rost in den vorgeheizten Backofen setzen.

Die Backzeit dauert etwa 60 Minuten (bei 200° C oder Stufe 3). Also vergiß nicht, den Küchenwecker einzustellen!

Bevor du den Kuchen aus dem Backofen nimmst, prüfe mit dem Holzspießchen, ob er richtig durchgebacken ist. Wenn noch etwas Teig am Hölzchen haftet, verlängere die Backzeit um 5 bis 10 Minuten.

> **Tip:**
> Wenn du befürchtest, daß der Kuchen oben zu dunkel wird, lege ein großes Stück Alufolie oder Pergamentpapier darauf.

Ist der Kuchen gleichmäßig durchgebacken, nimm ihn aus dem Backofen. Lasse die Form auf dem Kuchengitter 3 bis 5 Minuten abkühlen, lockere aber den Kuchen vorher (siehe S. 9) mit einem spitzen Messer am Rand.

Jetzt legst du das Kuchengitter über den Kuchen und drehst beides um, so daß die Kuchenform oben und das Gitter unten ist. Da du vorsichtig bist, wirst du dabei Topflappen oder ein dickes Geschirrtuch benutzen.

Dann kannst du die Backform vom Kuchen lösen und ihn abkühlen lassen. Bevor du ihn auf den Kaffeetisch stellst, siebst du etwas Puderzucker darüber.

Wenn der Kuchen von dir gebacken wurde, sollte auch die Tischdekoration von dir sein. Dann hast du alles ganz alleine gemacht. Daß zu einer schön gedeckten Kaffeetafel auch ein paar Blümchen gehören, weißt du ja.

> **Tip:**
> Wenn du Rosinen im Kuchen absolut nicht leiden kannst, lasse sie weg. Dafür kannst du z. B. gehackte Haselnüsse oder Mandelplättchen mit in den Teig rühren. Sehr gut schmeckt der Napfkuchen auch, wenn du Schokoladenstückchen in den Teig rührst.
> 1 Tafel Schokolade = 100 g reichen für einen Napfkuchen, vorausgesetzt, du naschst vorher nicht zu viele Stückchen!

Geburtstags-Schokoladentorte   B

Wenn Mutti, oder wen du sonst liebhast, Geburtstag feiert, kannst du ihr eine selbstgebackene Torte schenken. Es ist ganz einfach, so eine bunte, süße Torte zu backen, wenn du dich genau nach dem Rezept richtest.

Für diese Geburtstagsüberraschung brauchst du:

1 Packung Kraft Backmischung für Biskuit,
3 Eier,
50 ccm Wasser,
1 Kaffeelöffel Öl;
2 Becher Schokoladenfettglasur (in einem Becher sind 125 g),
1 große Rolle Smarties (Inhalt 150 g).

Und so wird es gemacht:

Stelle dir die Rührschüssel, einen Meßbecher, das elektrische Handrührgerät mit dem Schneebesen bereit. Ebenso die Backzutaten. Du brauchst eine Springform von 24 oder 26 cm Durchmesser, die du nur am Boden mit dem Öl einpinseln mußt.
Heize den Backofen des Elektroherdes auf 175° C vor, den Gasherd auf Stufe 2–2½ erst einstellen, wenn der Teig fertig ist. Den Bratenrost mit der Wölbung nach oben auf der unteren Einschiebeleiste in den Backofen schieben.
Nun gib die Backmischung aus der Packung in die Rührschüssel. Die Eier schlägst du, wie gelernt, einzeln über einer Tasse auf, um zu prüfen, ob sie gut sind. Eier und das genau abgemessene Wasser in die Backmischung geben.

Dann mit dem elektrischen Handrührgerät einen glatten Teig rühren. Das dauert auf der höchsten Schaltstufe ungefähr 3 Minuten. Du merkst es selbst, wenn der Teig schön cremig und glatt ist.

> *Tip:*
> Du kannst den Teig auch mit einem Rührlöffel rühren, wenn ihr kein elektrisches Rührgerät habt. Dann dauert das Teigrühren etwa 10 Minuten. Benutze dabei einen Rührlöffel mit einem Loch in der Mitte, weil dann etwas mehr Luft mit in den Teig gerührt wird!

Den Teig in die Springform füllen und mit dem Teigschaber glattstreichen. In den Backofen schieben und den Küchenwecker einstellen. Die Backzeit dauert 30 bis 35 Minuten.
Bevor du die Biskuittorte aus dem Backofen nimmst, prüfe mit einem Holzspießchen, ob sie fertig gebacken ist. Dann kannst du die Form aus dem Backofen nehmen.
Stelle sie auf das Kuchengitter und schneide mit einem spitzen Küchenmesser einmal rundherum zwischen dem Formrand und Kuchen entlang. Lasse den Kuchen 3 Minuten abkühlen.
Lege dann zum Stürzen das Kuchengitter oben auf die Form. Greife nun mit beiden Händen (natürlich mußt du die Topflappen dazu benutzen!) von unten her die Form und das Kuchengitter. Dann alles mit Schwung herumdrehen. Das Kuchengitter auf die Arbeitsfläche stellen und die Backform abnehmen. Den Kuchen mindestens eine Stunde abkühlen lassen.
Dann kannst du die Torte mit dem Schokoladenguß überziehen.
Den Inhalt der beiden Becher Schokoladenfettglasur in eine kleine Kasserolle geben. Diese in einen größeren Topf mit heißem Wasser stellen, aber so, daß kein Wasser in die Glasur laufen oder spritzen kann.

Den Topf mit der Kasserolle auf den Herd stellen und bei mittlerer Wärmestufe (Elektroplatte Stufe 4 oder 7 bei der Automatikplatte, Gasherd mittelgroße Flamme) das Wasser so lange erhitzen, bis die Glasur in der Kasserolle geschmolzen ist.

Nimm die Kasserolle aus dem Wasserbad und gieße die Schokoladenmasse auf die Mitte der Torte. Lasse sie gleichmäßig verlaufen und streiche nur die Außenränder mit einem breiten Messer glatt.

Die bunten Smarties klebst du dann als breiten Außenrand und in einem schönen Muster auf die Torte. Du mußt dich dabei etwas beeilen, da die Smarties nur gut anhaften, wenn die Schokoladenglasur noch weich ist.

Diese schöne Torte hält sich 2 bis 3 Tage frisch, wenn du sie in einem kühlen Raum aufbewahrst.

> *Tip:*
> Du kannst die Torte auch mit kleinen Schokoladen-Mokkabohnchen oder Pralinen verzieren.

Friedas Nußtorte   B

Diese leckere Nußtorte kannst du backen, wenn jemand in der Familie Geburtstag hat oder lieber Sonntagsbesuch erwartet wird.

Du brauchst dafür:

1 Paket Kraft Backmischung für Biskuit,
3 Eier,
4 Eßlöffel Wasser,
3 Eßlöffel gemahlene Haselnüsse,
1 Messerspitze gemahlenen Zimt;
Für den Überzug:
1 Paket Puderzucker (= 250 g),
1 gehäuften Eßlöffel Instant Kaffeepulver (wie Caro),
1–2 Eßlöffel Wasser,
20 Walnußhälften, 20 geschälte Haselnüsse

Und so wird es gemacht:

Stelle alle Zutaten und die Geräte bereit.
Den Boden einer Springform mit 24 oder 26 cm Durchmesser mit Alufolie oder Backpapier auslegen.

> **Tip:**
> Stelle die Form auf das Backpapier oder die Alufolie und umrande sie mit einem Bleistift. Dann kannst du den Kreis ausschneiden und in die Form legen.

Den Bratenrost auf der unteren Schiene – Rostwölbung nach oben – in den Backofen schieben. Den Elektro-Backofen auf 175° C vorheizen (den Gas-Backofen, Stufe 2, erst zünden, wenn der Teig gerührt ist).
Lese noch einmal ganz genau die Gebrauchsanweisung auf der Packung der Backmischung durch und überprüfe die Mengenangaben. Es gibt nämlich verschiedene Sorten Biskuitmischung.

Die Backmischung aus der Packung, Eier und das genau abgemessene Wasser in die Rührschüssel (oder Teigschüssel der Küchenmaschine) geben. Gemahlenen Zimt und Haselnüsse zufügen. Mit dem elektrischen Handrührgerät oder mit der Küchenmaschine (bei beiden die Schneebesen verwenden!) auf Schaltstufe II in 3 bis 4 Minuten einen schaumigen Biskuitteig schlagen.
Den Teig in die Springform füllen und mit dem Teigschaber glattstreichen. Im Backofen 30 bis 35 Minuten backen.
Prüfe vor dem Herausnehmen mit einem Holzspießchen, ob die Torte richtig durchgebacken ist. Dann den Rand der Form rundherum mit einem spitzen Messer lockern und den Kuchen auf dem Kuchengitter 3 Minuten abkühlen lassen. Aus der Form nehmen und vollständig abkühlen lassen. Das dauert ungefähr 45 Minuten.
Für den Überzug Puderzucker in eine Schüssel sieben. Instant Kaffeepulver und heißes Wasser zugeben. Alles mit einem Schneebesen glatt verrühren.
Den Guß von der Mitte aus auf die Torte gießen und glatt verlaufen lassen. Eventuell mit einem breiten Pfannenmesser den Rand glattstreichen.
In den feuchten Zuckerguß die Walnußhälften und Haselnüsse drücken. Mit etwas Kaffeepulver überstäuben.

> **Tip:**
> Du kannst das so machen, wie auf dem Bild, oder auch ein Muster legen. Beispielsweise rundherum am Rand abwechselnd Walnußhälften oder Haselnüsse eindrücken.
> Ganz toll schmeckt die Nußtorte, wenn sie – bevor der Zuckerguß daraufkommt – mit dem Saft einer Zitrone beträufelt wird.
> Anstelle von Kaffeepulver kannst du auch gemahlenen Zimt über die Nußtorte streuen.

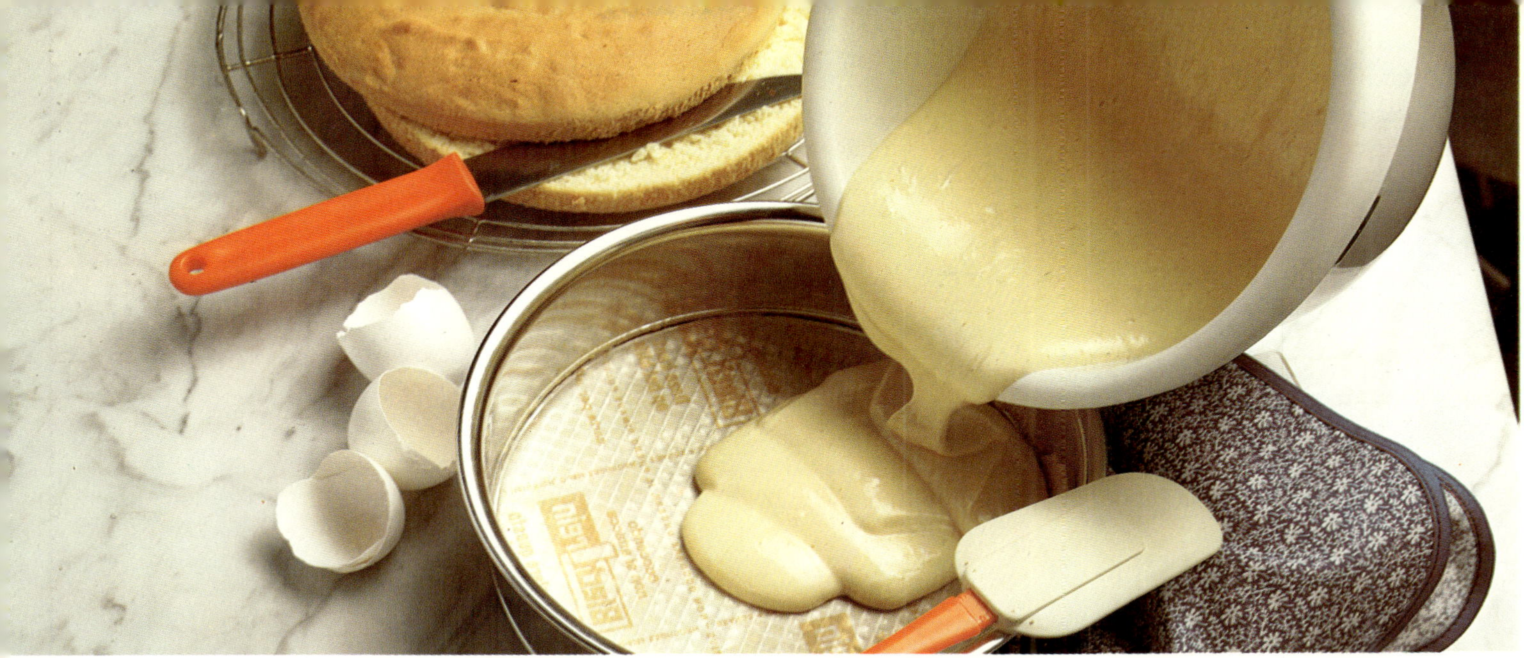

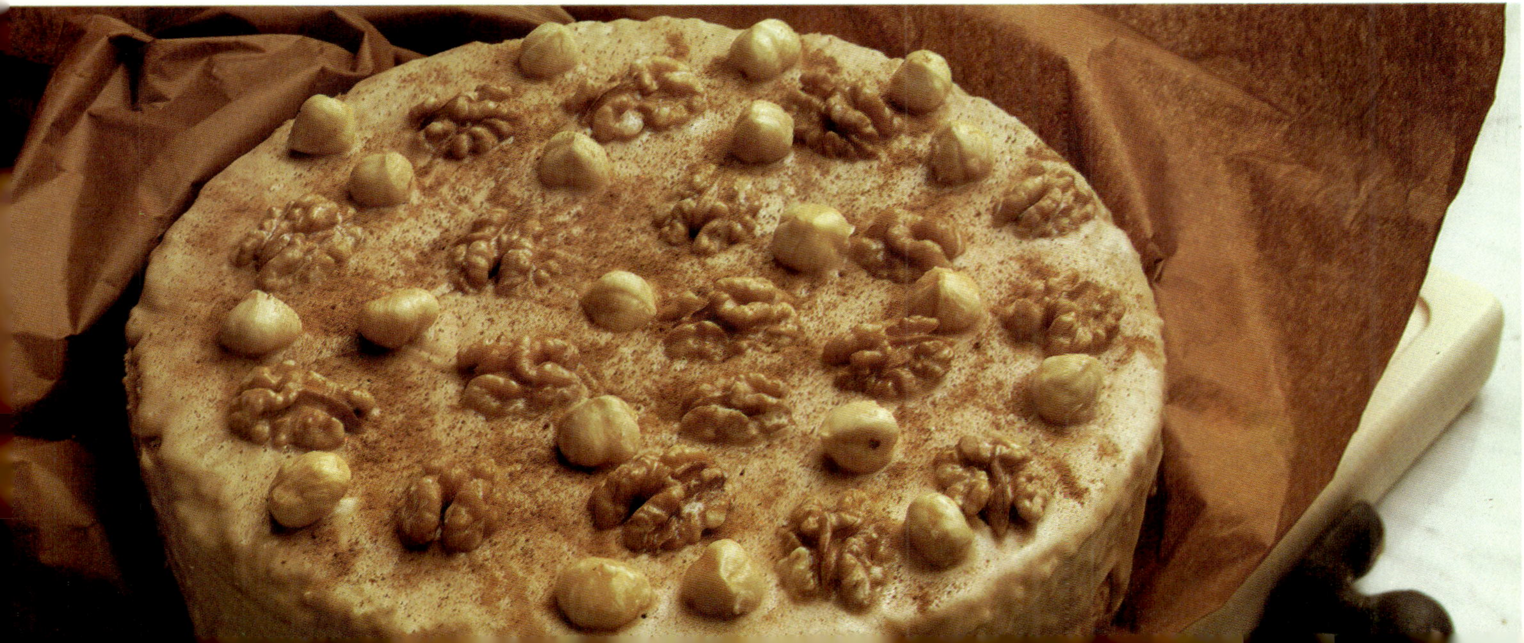

Mandelkuchen auf dem Blech   B

Wenn du einen Kuchen backen möchtest, aber nicht viel Zeit hast, kannst du diesen Mandelkuchen machen. Wenn alle Zutaten im Hause sind, brauchst du zum Teigrühren und Backen des Kuchens ungefähr 45 Minuten. Aus einem Blechkuchen kannst du – je nach Größe des Kuchenbleches – 20–24 Stücke schneiden.

Du brauchst dafür:

200 g Butter oder Margarine,
200 g Zucker,
1 Päckchen Vanillezucker,
4 Eier,
400 g Mehl,
100 g Speisestärke (= Mondamin, Maizena, Gustin usw.),
1 Päckchen Backpulver,
etwa ⅛ l Milch;
für den Belag:
1 kleine Dose Kondensmilch,
100 g Mandelplättchen,
125 g Zucker,
1 Kaffeelöffel gemahlenen Zimt.

Und so wird es gemacht:

Stelle die abgewogenen Zutaten bereit, ebenso die Rührschüssel, das elektrische Handrührgerät oder die Küchenmaschine, Teigschaber usw. Fette das Backblech ein, nimm dafür etwas Butter von der angegebenen Menge.
Den Elektro-Backofen auf 200° C vorheizen. Den Gas-Backofen Stufe 3, brauchst du erst zünden, wenn der Teig schon auf dem Blech ist.

In die Rührschüssel die weiche Butter oder Margarine, Zucker und Vanillezucker geben. Mit dem elektrischen Rührgerät auf Schaltstufe II zu einer schaumigen Masse rühren.
Jedes Ei einzeln über einer Tasse aufschlagen, damit du prüfen kannst, ob es gut ist. Immer erst ein Ei zur Butter-Zuckermasse geben und unterrühren. Dann das nächste Ei zufügen.
Mehl, Speisestärke und Backpulver vermischen. Durch das Mehlsieb sieben und langsam in den Teig rühren. Schalte das Rührgerät dabei auf Stufe I, damit das Mehl nicht aus der Rührschüssel staubt und dich zum Schneemann macht.
Gieße nach und nach Milch in den Teig und rühre sie unter. Aber Achtung, nicht zuviel Milch zugeben! Der Teig darf nicht zu dünn werden!

> *Tip:*
> Nimm einen Löffel voll Teig hoch und lasse den Teig vom Löffel in die Schüssel zurückfallen. Wenn er schwer reißend vom Löffel fällt – also nicht fließt – ist er richtig.

Den Teig dann gleichmäßig dick auf das Backblech streichen. Das gelingt am besten mit einem Teigkärtchen, sonst tut es auch ein Teigschaber oder ein flaches Pfannenmesser. Tauche es vorher in kaltes Wasser, dann bleibt kein Teig daran kleben.
Die Oberfläche des Teiges bestreichst du jetzt noch mit Kondensmilch, damit er beim Backen eine schöne Farbe erhält.
In einer kleinen Schüssel vermischst du die Mandelplättchen, Zucker und Zimt und streust sie über den Kuchenteig.

Das Blech auf der mittleren Schiene in den Backofen einschieben. Den Mandelkuchen in 20–25 Minuten schön goldbraun backen.
Danach den Kuchen auf dem Blech abkühlen lassen und dann in Streifen oder Quadrate schneiden.

Tip:
Der Kuchen kann gleich nach dem Abkühlen gegessen werden. Sehr gut schmeckt dazu steif geschlagene Sahne und als Getränk Milch oder Kakao.

Wenn du gerne diesen Mandelkuchen backen möchtest, aber nur 3–4 Kuchenfreunde bewirten mußt, so halbiere die angegebene Zutatenmenge (Beispiel: 200 g Butter : 2 = 100 g Butter usw.) und backe den Teig in einer ausgefetteten Springform von 24 oder 26 cm Durchmesser. Schiebe den Bratenrost mit der Wölbung nach unten in die mittlere Schiene des Backofens. Setze die Springform darauf und backe den Mandelkuchen bei 200° C (Gasbackofen Stufe 3) in etwa 25 Minuten goldbraun.

Aprikosenküchlein   B

Du kannst Aprikosenküchlein backen, wenn du nachmittags Besuch erwartest. Sie eignen sich aber auch sehr gut zum Picknick, für einen Ausflug, wenn du mit deinen Freunden oder deiner Familie schwimmen gehst usw.
Die Küchlein werden gleich jeweils in einer selbstgemachten Backform aus Alufolie gebacken, die du nach dem Abkühlen zum Mitnehmen oben einfach verschließen kannst. So brauchen sie nicht weiter verpackt zu werden. Dazu gibt es Kakao, Fruchtsaft oder Tee.

Für 12 Küchlein brauchst du:
Alufolie,
1 Kaffeelöffel Öl zum Einfetten;
100 g Butter oder Margarine,
100 g Zucker,
1 Päckchen Vanillezucker,
1 großes Ei,
1 gehäuften Kaffeelöffel Backpulver,
200 g Mehl,
3–4 Eßlöffel Milch.
Für den Belag:
6 frische Aprikosen (oder 12 Hälften aus der Konserve),
Saft einer halben Zitrone,
2 Eßlöffel Hagelzucker (= Teezucker).

Und so wird es gemacht:
Stelle dir alle Zutaten und die Backgeräte bereit.
Aus einer 30 cm breiten Rolle Alufolie schneidest du dann 12 Quadrate aus, jeweils 15 x 15 cm. Über einem Glas mit etwa 5 cm Durchmesser kannst du dir selbst Backförmchen formen. Dazu legst du immer ein Quadrat über die

Glasöffnung und drückst die Folie nach unten fest an das Glas. Dann nimmst du den entstandenen kleinen Becher ab und formst den nächsten. Du kannst den Boden dieser Aluförmchen mit etwas Öl auspinseln.
Heize den Elektro-Backofen auf 200° C vor (der Gas-Backofen, Stufe 3, wird erst angemacht, wenn der Teig gerührt ist).
In die Rührschüssel nun weiche Butter, Zucker und Vanillezucker geben. Mit dem elektrischen Handrührgerät (Schneebesen verwenden!) alles zu einer schaumigen Masse rühren. Dann das Ei über einer Tasse aufschlagen und in die Butter-Zuckermasse rühren.
Das Mehl mit dem Backpulver vermischen und Löffel für Löffel sieben und unterrühren. So viel Milch (oder Joghurt) in den Teig rühren, daß er noch dick und cremig bleibt.
Gib jeweils einen Eßlöffel Teig in ein Aluförmchen.
Die Aprikosen waschen und abtrocknen. Halbieren und die Kerne herausnehmen. Dann immer eine Aprikosenhälfte – die runde Seite nach oben – in ein Förmchen legen.
Drücke die Zitrone auf der Zitronenpresse aus und bepinsele mit dem Saft die Aprikosen. Dann mit Hagelzucker bestreuen und die Förmchen vorsichtig auf das Backblech, das du nicht einzufetten brauchst, setzen.
Das Blech auf der mittleren Schiene in den Backofen schieben und die Küchlein in etwa 20 Minuten zu schöner Farbe backen. Prüfe vor dem Herausnehmen mit einem Holzspießchen, ob sie durchgebacken sind.
Lasse sie dann auf dem Kuchengitter auskühlen.

> **Tip:**
> Du kannst auch andere Früchte verwenden, wenn du keine Aprikosen magst, oder aus dem Garten Äpfel (in Stücken) oder Kirschen, Pflaumen (beide mußt du vorher entsteinen) und Himbeeren.

Wenn es nach Waffeln duftet

... wird auch das muffigste Gesicht wieder freundlich. Wenn du und deine Freunde bei schlechtem Wetter nicht die richtige Lust und Fröhlichkeit zum Spielen habt, versuche erst einmal, mit ihnen einen Teller voll Waffeln zu backen. Du wirst feststellen, daß es nicht lange dauert, bis ihr wieder gute Laune habt, und daß euch das Spielen nach dem »Waffelfest« wieder viel Spaß macht.

Zum Waffelbacken gehört natürlich ein Waffeleisen. Am einfachsten geht es mit einem elektrischen Waffeleisen, das beschichtet ist, damit sich die Waffeln gut herauslösen lassen. Aber auch ältere Waffeleisen tun gute Dienste.

Die elektrischen Waffeleisen werden aufgeheizt und innen mit Öl eingepinselt.

Ältere Waffeleisen erhitzt man auf dem Herd. Dann müssen sie innen sehr gut eingefettet werden, am besten mit Öl oder einer Speckschwarte, sonst bleiben die Waffeln kleben.

Der Teig soll immer nur in das gut heiße Waffeleisen eingefüllt werden. Es darf auch nicht zuviel Teig auf einmal sein, weil er sonst beim Zuklappen des Waffeleisens herausquillt.

Biskuit-Waffeln B ▶

Du brauchst für 8 Waffeln:
1 Paket Backmischung für Biskuit,
3 Eier,
4 Eßlöffel Wasser,
Öl oder Margarine zum Ausfetten des Waffeleisens,
Puderzucker zum Bestreuen der Waffeln,
½ Glas Marmelade oder Nuß-Nougatcreme.

Und so wird es gemacht:
Lese auf der Rückseite der Backmischung noch einmal nach, ob die oben angegebenen Zutaten mit der Gebrauchsanweisung übereinstimmen, denn es gibt verschiedene Backmischungen für Biskuit zu kaufen.

Stelle alle Zutaten bereit. An Geräten brauchst du: die Rührschüssel, das elektrische Handrührgerät mit den Schneebesen oder die Küchenmaschine, einen Eßlöffel, Backpinsel, eine Tasse und natürlich das Waffeleisen.

Die Backmischung in die Rührschüssel geben. Die Eier einzeln über der Tasse aufschlagen und in die Schüssel geben, das Wasser zufügen. Mit dem Rührgerät auf Schaltstufe II in 3 bis 4 Minuten zu einem schaumigen Teig schlagen.

Das Waffeleisen vorheizen und mit etwas Öl einpinseln.

Gib nun 2 Eßlöffel Teig in die untere Hälfte des Waffeleisens. Drücke das Eisen gut zusammen. Jetzt entsteht eine goldbraune Waffel – das dauert je nach Art des Waffeleisens – 2–3 Minuten.

Nimm die fertige Waffel mit einer Gabel heraus und lasse sie auf dem Kuchengitter abkühlen.

Jetzt mußt du das Eisen wieder ausfetten und kannst die nächste Waffel backen usw., bis kein Teig mehr übrig ist.

Die Waffeln durch ein Sieb mit Puderzucker bestreuen.

Am Tisch bestreicht sich jeder seine Waffel mit Marmelade oder Nuß-Nougatcreme oder ißt sie einfach so, ganz wie er mag. Dazu schmeckt Milch oder Kakao.

Himbeer-Sahne-Füllung   A

Das ist etwas für kleine und große Feinschmecker!

Du brauchst dafür:

¼ l süße Sahne (= 250 ml),
2 Päckchen Sahnesteif,
3 Eßlöffel Zucker,
1 Packung tiefgefrorene Himbeeren (= 300 g, oder frische).

Und so wird es gemacht:

Lasse die tiefgefrorenen Himbeeren in einer Schüssel 20 Minuten antauen.

Wähle eine ½ Tasse voll schöner Beeren aus und behalte sie zum Dekorieren zurück. Die übrigen Himbeeren zerdrückst du mit einer Gabel ganz fein zu Himbeermus. Gib die Sahne in die Rührschüssel oder den hohen Rührbecher und schlage sie mit dem elektrischen Handrührgerät (Schneebesen verwenden!) ganz steif. Streue Sahnesteif und Zucker ein und schlage beides unter die Sahne. Dann die zermusten Himbeeren mit einer Gabel hineinrühren. Mache das aber möglichst kurz und locker

– also nicht zu stark rühren – damit die Sahne steif bleibt.

Die Sahne in eine Glasschüssel füllen und die Himbeeren, die du dafür zurückbehalten hast, im Kranz darauf setzen.

Stelle die Schüssel mit auf den Tisch, damit jeder seine Waffel mit dieser rosaroten Sahne bestreichen kann.

Wir backen lauter bunte Lebkuchen

Bunte Lebkuchen backt keiner gerne allein. Das macht am meisten Freude, wenn eine große und lustige »Bäckerrunde« mitmacht, in der jedem eine Menge schöner Ideen einfällt. Und da man sich ja gegenseitig hilft, wenn man gemeinsam arbeitet, können alle mitmachen: Die kleineren Kinder ohne Backerfahrung, die größeren, die schon geübter im Umgang mit Teig und Zuckerguß sind, und die Kinder, die sich schon zu ganz erfahrenen Zuckerbäckern und Zuckerleckern gemausert haben.

Aus Lebkuchenteig lassen sich viele Figuren für den bunten Weihnachtsteller, als Schmuck für den Weihnachtsbaum, als Anhänger an den Geschenkpäckchen oder auch in größeren Mengen zum Verschenken für Leckermäuler backen.

Am lustigsten ist es natürlich, wenn jedes Kind selbst Figuren entwirft. Ihr malt einfach auf Pappe, was euch gefällt, ein Tier oder einen Engel, ein Herz, ein Auto oder ein Schiff. Dann schneidet ihr die Figuren aus und habt eine Schablone.

Diese legt ihr auf den ausgerollten Teig und schneidet ihn rund um die Schablone ab. Die ausgeschnittenen Figuren werden dann vorsichtig auf das Backblech gelegt und gebacken.

Dann könnt ihr sie mit Zuckerguß überziehen und mit Liebesperlen, Streuzucker, Smarties usw. verzieren.

Wenn ihr eure Werke aufhängen wollt, müßt ihr die Lebkuchen mit einer Nadel vorsichtig durchstechen.

Lebkuchenteig

Aus dem Teig können 50 bis 60 kleine Lebkuchen mit Ausstechförmchen ausgestochen und gebacken werden. Oder 10 bis 12 große Lebkuchenfiguren, etwa 15 cm hoch, die nach Schablonen gemacht werden.

Für den Teig braucht ihr:
250 g Honig,
125 g Zucker,
125 g Kokosfett,
500 g Mehl,
1 gehäuften Eßlöffel dunklen Kakao,
1 Eßlöffel Lebkuchengewürz,
1 Kaffeelöffel Zimt,
1 Ei,
5 g Pottasche,
1 Eßlöffel Rum;

zum Verzieren: 250 g Puderzucker,
1 Eiweiß, eventuell 1 bis 2 Eßlöffel Wasser,
Speisefarben;
1 Becher Schokoladenglasur,
viele bunte Smarties,
Schokoladenplätzchen,
bunten Streuzucker;
Backpinsel (für jedes Kind einen).

Und so wird es gemacht:

Honig, Zucker und Kokosfett gebt ihr in einen Topf, den
ihr auf den Herd stellt (Schaltstufe 2, 5 oder 10 beim
Elektroherd, Gasherd große Flamme), um alles zusammen aufzukochen. Dabei so lange rühren, bis sich der

Zucker aufgelöst hat. Den Topf vom Herd nehmen und die Platte oder Flamme wieder abstellen. Die süße Masse abkühlen lassen, bis sie lauwarm ist und ihr euch beim Anfassen nicht verbrennt.

In der Zwischenzeit das Mehl mit dem Kakao, Lebkuchengewürz und Zimt in einer großen Schüssel vermischen. Das Ei über einer Tasse aufschlagen und dann in die Schüssel geben.

Die Pottasche und den Rum in die Tasse geben und so lange mit einem Löffelchen verrühren, bis sich die Pottasche ganz aufgelöst hat. Dann zum Mehl geben und auch die lauwarme Honig-Zuckermasse zufügen.

Von der Mitte her die Zutaten nun erst mit einem Rührlöffel vermischen, dann mit den Händen so lange kneten, bis ein glatter Teigkloß entstanden ist. Das Teigkneten ist eine Arbeit für den Größten und Kräftigsten unter euch.

Jetzt müßt ihr den Teig mindestens 1 Stunde kalt stellen. Währenddessen könnt ihr ja schon die Figuren entwerfen, die ihr backen wollt, und eventuell die Schablonen schneiden.

Tip:
Ihr könnt den Teig aber auch schon einen Tag vorher machen. Dann bleibt mehr Zeit zum Backen und Verzieren!

Der Teig wird in 4 Teile geteilt, damit ihr kleinere Mengen zum Ausrollen habt. Das geht einfacher! Davor aber die Arbeitsfläche in der Küche und das Rollholz (= Wellholz oder Nudelholz) mit etwas Mehl bestäuben. Aber bitte wirklich nur wenig Mehl nehmen. Denn wenn ihr zuviel Mehl verwendet, wird der Teig brüchig und schmeckt nach dem Backen nicht mehr so gut!

Für große Figuren muß die Teigplatte ungefähr ½ cm dick ausgerollt werden, für kleinere Motive rollt ihr sie etwas dünner aus, etwa 3 mm dick.

Den Backofen des Elektroherdes auf 220° C vorheizen, den Gasherd auf Stufe 4 erst zünden, wenn ihr mit den Figuren fertig seid. Die Backbleche einfetten. Es ist natürlich am praktischsten, wenn ihr zwei oder drei Backbleche habt, damit ihr lückenlos nacheinander backen könnt. Falls nur ein Backblech vorhanden ist, dauert es ein bißchen länger, bis ihr das Blech wieder gesäubert und mit neuen Figuren belegt habt.

Dann beliebige Figuren mit Förmchen ausstechen oder mit Hilfe der Schablonen ausschneiden.

Die Figuren vorsichtig – und nicht zu dicht aneinander – auf das Backblech legen und dieses auf der oberen Schiene in den Backofen schieben.

Kleine Gebäckstücke 10 bis 12 Minuten backen, größere brauchen 15 bis 20 Minuten.

Tip:
Achtet darauf, daß euer Gebäck nicht zu dunkel wird, es schmeckt sonst bitter oder ist gar nicht mehr genießbar.

Die fertig gebackenen Figuren mit einem breiten Pfannenmesser vom Blech lösen und auf einem Kuchengitter abkühlen lassen.

Dann beginnt das Verzieren, das euch sicher noch mehr Spaß macht als das Backen.

Dazu rührt ihr einen dicken Zuckerguß. Verteilt ihn in mehrere Tassen oder kleine Schüsseln und färbt ihn mit Speisefarbe nach eurer Vorstellung ein.

Als Kontrast dient euch die Schokoladenglasur, die ihr im Wasserbad zum Schmelzen bringt.

Wenn ihr die Lebkuchen weiß oder dunkelbraun eingepinselt habt, müßt ihr schnell mit den bunten Süßigkeiten verzieren, damit sie gut haften.

Rezepte für kleine Meister

Wer das Buch bis hierher durchprobiert hat, der kennt sich beim Backen schon recht gut aus. Für Kinder, die noch weitere Rezepte ausprobieren wollen, haben wir hier solche für Fortgeschrittene (mit dem Buchstaben B gekennzeichnet) und für Meister (mit dem Buchstaben C gekennzeichnet) zusammengestellt.
Und nun hinein ins große Backvergnügen!

Einladung am Sonntag   C

Wie schön es ist, ab und zu so richtig von den Erwachsenen verwöhnt zu werden, weißt du ja.
Hast du aber auch schon einmal selbst versucht, deine Eltern zu verwöhnen?
Wenn zu zeigen möchtest, wie selbständig du inzwischen schon geworden bist, dann probiere doch einmal für deine Familie am Sonntag oder Feiertag ein Frühstück oder einen Auflauf zum Mittagessen zu machen. Die Erwachsenen dürfen »ausnahmsweise« mal richtig ausschlafen, und wenn sie aufstehen, hast du den Frühstückstisch fertig gedeckt. Damit alles gut klappt, überlege dir schon vor dem Wochenende, was auf dem Frühstückstisch stehen soll.
Hast du z. B. vor, einen Kuchen oder Rosinenschnecken zu backen, machst du das am besten schon einen Tag vorher. Am Sonntagmorgen deckst du dann in Ruhe den Tisch und kochst Kaffee, Tee oder Kakao. Du weißt ja

sicher, ob die Eltern morgens lieber Kaffee oder Tee trinken.
Du kannst zum Muntermachen aber auch noch ein Milch-Mixgetränk auf den Frühstückstisch stellen, das schmeckt den Erwachsenen und den Kindern.

Rosinenschnecken   C

Rosinenschnecken werden aus Hefeteig gebacken. Dazu kannst du entweder eine fertige Backmischung kaufen oder den Hefeteig nach dem Grundrezept zubereiten. Nach diesem Rezept kannst du auch arbeiten, wenn du Butter-Mäuschen oder Osterhasen oder Piepenkerle (= Nickelmänner) backen möchtest.

Grundrezept für Hefeteig

Du brauchst dafür:

500 g Mehl,
1 Päckchen Trockenbackhefe,
⅛–¼ l Milch,
100 g Butter oder Margarine,
100 g Zucker,
½ gestrichenen Kaffeelöffel Salz,
evtl.: 1 Ei, 1 Eßlöffel Öl, 1 Messerspitze gemahlenen Zimt.

Für Rosinenschnecken brauchst du außerdem:

100 g süße Sahne (oder 4–6 Eßlöffel Dosenmilch),
100 g gemahlene Haselnüsse,
4 Eßlöffel Zucker,
½ Kaffeelöffel gemahlenen Zimt,
50 g Rosinen,
100 g Puderzucker,
½ Zitrone, ausgepreßt.

Den Hefeteig machst du so:

Alle Zutaten abwiegen und bereitstellen, ebenso die Backgeräte.
Das Mehl in eine große Schüssel sieben und mit der Trockenhefe vermischen. Lauwarme Milch, weiche But-ter, Zucker und Salz, wenn du den Teig besonders gut machen möchtest, auch Ei, Öl und Zimt, in die Schüssel geben.
Von der Mitte her die Zutaten erst mit dem Rührlöffel vermischen, dann zu einem glatten Teig rühren. Diesen mußt du dann so lange mit dem Rührlöffel (oder einfach mit der Hand) schlagen, bis er sich glatt vom Schüsselbo-den löst.
Wenn du mit dem elektrischen Handrührgerät oder in der elektrischen Küchenmaschine Hefeteig machst, benutze dabei die Knethaken.
Bedecke dann die Schüssel mit einem Geschirrtuch und stelle sie an einen warmen Ort, damit der Hefeteig aufge-hen kann. Die kleinen Hefepilze vermehren sich nämlich besonders gut, wenn die Umgebung warm (auf keinen Fall heiß) ist. Du kannst z. B. den Backofen auf ganz kleiner Wärmestufe aufheizen und die Schüssel mit dem Teig auf die offene Backofentür setzen.
Oder lasse in das Spülbecken warmes (nicht heißes!) Wasser laufen und stelle die Schüssel mit dem Hefeteig hinein. Aber natürlich nicht so viel Wasser ins Becken geben, daß es in den Teig laufen kann!
Daß der Teig gegangen ist, siehst du daran, daß der Teigkloß sich sichtbar vergrößert hat. Damit kannst du ihn weiter verarbeiten, z. B. zu Rosinenschnecken.

So machst du die Rosinenschnecken:

Bestäube die Arbeitsfläche mit etwas Mehl. Den Hefeteig dann kräftig durchkneten und mit der Teigrolle (= Nudel- oder Wellholz) zu einem Rechteck von 30 x 40 cm ausrol-len. Die Teigfläche mit Sahne oder Dosenmilch bepinseln. Von den Rosinen die Stielchen abreiben, indem du die Rosinen zwischen deinen Handflächen reibst. Dann Ro-sinen, Haselnüsse, Zucker und Zimt in einer kleinen Schüssel vermischen und gleichmäßig über den Hefeteig

streuen. Achte darauf, daß rundherum ungefähr ein Streifen von 1 cm bleibt, den du nicht bestreust.

Rolle das Rechteck dann von der langen Seite aus auf. Schneide aus der Rolle mit einem scharfen Messer 20 Scheiben von etwa 2 cm Dicke.

Fette das Backblech leicht mit Öl oder Margarine ein und setze die Schnecken im gleichmäßigen Abstand darauf.

Ein Geschirrtuch über das Blech decken und die Schnecken nochmals etwa 25 Minuten aufgehen lassen. Dann das Blech in die Mitte des Backofens einschieben (Elektro-Backofen auf 225° C; Gas-Backofen auf Stufe 4 einstellen) und 20 bis 30 Minuten goldbraun backen (die Backzeit hängt von der Größe der Schnecken ab).

Nimm die fertigen Rosinenschnecken mit dem Pfannenmesser vom Blech und bepinsele sie mit Zuckerglasur, solange sie noch warm sind. Dazu einfach Puderzucker und Zitronensaft verrühren, bis alle Klümpchen verschwunden sind.

Die Rosinenschnecken schmecken frisch gebacken besonders gut. Dazu gibt es Milch oder Kakao, für die Erwachsenen kannst du Kaffee machen.

Hasen für das Osterfrühstück   C

Auf dem österlichen Frühstückstisch kannst du als Freude für Augen und Gaumen Hasen aus Hefeteig sitzen lassen. Am besten backst du sie schon am Ostersamstag, damit du am Ostersonntag nicht allzu früh aus den Federn mußt und zum Decken des Frühstückstisches genügend Zeit bleibt.

Für 4 große Osterhasen brauchst du:

1 Paket Backmischung Hefeteig (oder Hefeteig nach dem Grundrezept),
125 ccm lauwarmes Wasser (= ⅛ l),
1 Teelöffel Zucker,
1 Ei,
1 Eßlöffel Mehl zum Ausrollen,
1 Teelöffel Öl zum Einfetten des Backblechs,
1 Eigelb,
1–2 Eßlöffel Milch,
4 Rosinen für die Augen,
4 gekochte, bunt gefärbte Ostereier.

Und so wird es gemacht:

Stelle dir alle Zutaten und die benötigten Geräte bereit. Lese die Gebrauchsanweisung auf der Packung genau durch und bereite den Teig, wie dort beschrieben zu. Lasse ihn 20 bis 30 Minuten gehen. Decke dabei die Teigschüssel mit einem Geschirrtuch zu und stelle sie an einen warmen Ort. Der Teig muß gut aufgehen, d. h., deutlich größer werden.

> **Tip:**
> Wenn es in der Küche nicht warm ist, schalte den Backofen auf kleinste Wärmestufe. Öffne die Backofentür und stelle die Schüssel auf die Tür. Aber keinesfalls in den Backofen stellen, weil dort die Temperatur zu heiß ist!

Inzwischen hast du Zeit, aus Pappe oder festem Papier Schablonen zu machen, nach denen die Teighasen ausgeschnitten werden. Zeichne die Hasen etwa 18 cm lang, z. B.

Den Hefeteig nach dem Gehen nochmals durchkneten. Die Arbeitsfläche und das Rollholz (= Wellholz, Nudelholz) mit etwas Mehl bestäuben.
Den Hefeteig zu einer großen Platte von etwa ½ cm Dicke ausrollen oder den Teig halbieren und zwei Platten ausrollen. Die Schablonen auf den Teig legen. Mit einem spitzen Messer die Hasen ausschneiden.
Die Hasen auf das gefettete Backblech legen. Wenn sie sich etwas verformt haben, kannst du ihnen mit den Händen wieder die richtige Figur geben.
Lege die Hasen nicht zu dicht aneinander, da sie noch aufgehen. Also besser in zwei Etappen, d. h., jeweils 2 Hasen backen.

Von den Teigresten dünne, 20 cm lange Rollen formen.
Jeweils zwei Rollen – wie bei einer Kordel – zusammendre-
hen und als Nest – rundgebogen – auf den Hasenbauch
oder den Rücken – Korb – legen.
Die gekochten, gefärbten Ostereier in das Nest legen und
die Hasen zugedeckt 20 Minuten gehen lassen.
Eigelb und Milch in einer Tasse verrühren und die Hasen
damit bepinseln. Rosinen als Augen eindrücken.
Das Blech in die Mitte des Backofens einschieben. In 20
bis 25 Minuten goldbraune Osterhasen backen.
Nach dem Backen vorsichtig – damit sie nicht zerbrechen
– vom Blech schieben.

Tip:
Die Osterhasen schmecken gut mit Butter und Marmelade. Das eingebackene Ei wird mitgegessen.

Bunte Ostereier

Wenn du 4 Hasen backen willst, brauchst du:
4 Eier, möglichst mit weißer Schale,
½ l Wasser,
1 Eßlöffel Essig,
1 Tablette Eierfarbe (rot oder grün oder violett usw.).

Und so wird es gemacht:
Das Wasser in einen Topf geben und die sauberen Eier
hineinlegen. Achte darauf, daß die Eierschalen keine
Sprünge haben. Verwende möglichst weiße Eier, weil sich
diese leichter einfärben lassen.
Den Topf auf den Herd stellen und das Wasser zum
Kochen bringen. Die Eier, je nach Größe, 4 bis 5 Minuten
kochen.
Nimm dann die Eier mit einem Schaumlöffel aus dem
Topf.

Nun die Farbtablette ins kochende Wasser geben, Essig
zufügen und gut umrühren. Wenn sich die Tablette aufgelöst hat, die Eier in das Farbbad legen und 5 bis 10
Minuten, je nachdem, wie intensiv die Farbe sein soll,
darin liegen lassen.
Die Eier nach dem Färben trocknen lassen. Wenn du sie
mit etwas Fett oder einer Speckschwarte einreibst, glänzt
die Schale schön.
Dann kannst du die Eier ins Nest der Hefehasen legen.

Tip:
Verwende zum Eierfärben eine leere, hohe Konservendose. Die Eier färben darin gleichmäßig ein, und du
hast anschließend keine Arbeit mit dem Reinigen des
Topfes. Die Konservendose kann dann weggeworfen
werden!

Butter-Mäuschen   C

Du kannst Butter-Mäuschen für das Sonntagsfrühstück backen oder nachmittags mit deinen Freunden, wenn ihr Lust auf etwas Süßes habt.

Du brauchst für 8 Mäuschen:

1 Kaffeelöffel Öl,
1 Paket Backmischung Hefekuchen (oder Hefeteig nach dem Grundrezept),
125 g lauwarmes Wasser (= ⅛ l),
1 Kaffeelöffel Zucker,
1 Ei,
1 Eßlöffel Mehl zum Ausrollen,
1 Eigelb,
1–2 Eßlöffel Milch,
16 Rosinen oder Korinthen für die Mäuse-Augen.

Und so wird es gemacht:

Lese erst noch einmal die Gebrauchsanweisung auf der Packung durch, ob die Zutaten übereinstimmen (da es verschiedene Backmischungen für Hefekuchen gibt!).
Stelle alle Zutaten und die Backgeräte bereit und pinsele das Backblech mit Öl ein.
Gib die Backmischung und die weiteren Zutaten für den Teig (Wasser, Zucker und Ei) in die Rührschüssel.
Wenn du den Teig mit dem elektrischen Handrührgerät oder der Küchenmaschine zubereitest, verwende die Knethaken. Schlage alle Zutaten in 3 bis 4 Minuten auf Schaltstufe II zu einem glatten Hefeteig.
Decke dann ein Küchentuch über die Schüssel und lasse den Teig etwa 30 Minuten gehen. Stelle ihn dabei an einen warmen Ort, z.B. in die geöffnete Backofentür (oder in die Nähe der Heizung). Heize dafür den Backofen (Elektro-Backofen 100–150° C, Gasherd Stufe 1) vor. Du darfst die Schüssel aber auf keinen Fall in den Backofen stellen, weil die Hitze dort zu stark ist.

Tip:
Du kannst die Schüssel aber auch zugedeckt in lauwarmes Wasser stellen, damit der Hefeteig gut geht.

Den Hefeteig nach dem Gehen auf der bemehlten Arbeitsfläche gut durchkneten und in 9 Stücke teilen. Aus einem der Stücke 8 kleine Rollen, etwa 6 cm lang, für die Mäuseschwänzchen formen.
Die übrigen Stücke zu kleinen Kegeln formen.
Die Mäuse auf das Backblech setzen, unter das hintere, dicke Ende jeweils ein Mäuseschwänzchen drücken und rundbiegen. Die Mäuschen zugedeckt 20 Minuten gehenlassen.
Das Eigelb in einer Tasse mit Milch verrühren und die Mäuse damit bepinseln. Rechts und links am Kopf mit einem Sägemesser einen schrägen Einschnitt machen und als Ohren nach vorne biegen.
Rosinen als Augen eindrücken.
Das Backblech auf der mittleren Schiene in den Backofen schieben (Elektroherd vorgeheizt 200–225° C; Gasherd Stufe 3–4).
Die Mäuschen in 25 bis 30 Minuten zu schöner Farbe backen. Vergiß nicht den Küchenwecker zu stellen!
Die Mäuschen schmecken frisch gebacken am besten mit Butter, Marmelade oder Honig!

Tip für das Sonntagsfrühstück:

Wenn du schon öfter gebacken und gelernt hast, dir die Zeit gut einzuteilen, kannst du die Mäuse frisch für das Sonntagsfrühstück backen. Vom Backgeruch werden dann alle Familienmitglieder angenehm geweckt.

Wenn ihr um 10⁰⁰ Uhr frühstücken wollt, mußt du um 8⁰⁰ Uhr mit dem Backen beginnen.

Während der Hefeteig das erste Mal geht, kannst du den Tisch decken.

Wenn die Mäuse dann im Backofen sind, kannst du die gebrauchten Gegenstände säubern und wegräumen. Danach hast du Zeit, Kaffee oder Tee und Kakao zu kochen. Sieh vorher nach, ob die Familienmitglieder auch aufgewacht sind und sich anziehen!

Wenn die Mäuse gebacken sind, kann das gemütliche Frühstück beginnen.

Piepenkerle oder Zopflieseln   C ▲

Piepenkerle magst du in der Weihnachtszeit bestimmt genauso gerne wie alle anderen Kinder. Wenn du Lust hast, sie einmal selbst zu backen, kannst du hier nachlesen, wie es gemacht wird. Piepenkerle und Zopflieseln eignen sich übrigens nicht nur zum Selbstessen, sondern auch prima, um damit kleineren Geschwistern, Freundinnen, Freunden (und sogar Erwachsenen) eine Freude zu machen.

Du brauchst, um 6 kleine, 4 größere oder 2 ganz große Piepenkerle zu backen:

die Zutaten für das Grundrezept für Hefeteig (siehe bei Rosinenschnecken, oder 1 Backmischung für Hefeteig), außerdem:
1 Eigelb,
1–2 Eßlöffel Milch,
Rosinen (für Augen, Mund, Nase, Knöpfe usw.),
Tonpfeifchen.

Und so wird es gemacht:

Bereite den Hefeteig genau nach dem Grundrezept zu (oder mit einer Backmischung für Hefeteig). Den Teig schön gehen lassen, dabei möglichst warm stellen.
Das Backblech leicht mit Öl oder Margarine einfetten.
Den Hefeteig dann auf der leicht bemehlten Arbeitsfläche oder dem großen Backbrett kräftig durchkneten.
Teile den Teig in so viele Stücke, wie du Piepenkerle backen möchtest.
Aus jedem Stück nun eine Rolle formen, das eine Ende zu einer Kugel, dem Kopf drehen, und am Hals etwas eindrücken.
Die Rolle unten der Länge nach für die Beine einschneiden und Beine zur Grätsche auseinanderbiegen.
Rechts und links am Rumpf einen Einschnitt machen und den Teig als Arme zur Seite biegen.
Die Piepenkerle in großem Abstand voneinander auf das Backblech legen, da sie noch aufgehen sollen.
Eigelb mit der Milch verrühren und das Gebäck damit bepinseln. Augen, Mund, Nase und Bauchknöpfe mit Ro-

sinen kennzeichnen. Das Tonpfeifchen schräg auf den Bauch legen und einen Arm so biegen, daß er das Pfeifchen hält.

Die Piepenkerle 20 bis 25 Minuten gehen lassen, dann in die Mitte des Backofens einschieben (Elektro-Backofen auf 225° C; Gas-Backofen auf Stufe 4 schalten).

Die Piepenkerle zu goldbrauner Farbe backen. Bei kleineren Piepenkerlen dauert das etwa 20 Minuten, bei größeren 25–30 Minuten, ganz große brauchen sogar 35 Minuten.

> **Tip:**
> Du kannst selbst eine Pfeife aus buntem Stanniol basteln. Schneide dir ein großes L aus und rolle das dicke Ende um deinen Finger, dann den Stiel. Damit es hält, oben am Pfeifenkopf nach innen einen ganz kleinen Rand knicken.

Kirschenmichel C

. . . ist sehr sättigend. Du machst ihn am besten als Mittagessen.

Für 4 Personen brauchst du:

750 g Süß- oder Sauerkirschen,
125 g Butter (oder Margarine),
125 g Zucker,
3–4 Eier,
50 g gemahlene Haselnüsse,
1 Päckchen Vanillezucker,
½ gestrichenen Kaffeelöffel Zimt,
250 g Zwieback (oder Semmelbrösel),
1 Kaffeelöffel Rum.

Und so machst du den Kirschenmichel:

Die Kirschen waschen, abtropfen lassen und dann entsteinen. Den Backofen vorheizen (E-Herd 220° C; G-Herd Stufe 4).

Weiche Butter oder Margarine und Zucker in die Rührschüssel geben. Mit dem elektrischen Handrührgerät schaumig schlagen. Benutze den Schneebesen und schalte auf Stufe II.

Trenne die Eier vorsichtig über einer Tasse. Die Eiweiß in einen hohen Rührbecher geben, Eigelbe zur Butter-Zuckermasse. Gib aber immer nur ein Eigelb in die Rührschüssel und das nächste erst dann, wenn das Eigelb untergerührt ist.

Die gemahlenen Haselnüsse (du kannst dafür auch Mandeln nehmen), Vanillezucker, Zimt und Rum unterrühren. Den Zwieback in der Mandelmühle reiben und mit in den Teig rühren.

Die Schneebesen des Handrührgerätes gründlich abwaschen, damit keine Teigreste haften bleiben. Wieder in das Gerät stecken und dann das Eiweiß steifschlagen. Eischnee und die entsteinten Kirschen nun ganz locker mit einem Löffel unter den Teig mischen.

Eine feuerfeste Auflaufform mit Butter auspinseln und den Teig hineingeben Die Form auf dem Bratenrost in den Backofen stellen, untere Einschiebleiste benutzen. Den Kirschenmichel in ca. 1 Stunde goldbraun backen, den Küchenwecker einstellen. Vor dem Herausnehmen mit einem Holzspießchen prüfen, ob der Auflauf fertig ist. Wenn noch Teig am Hölzchen kleben bleibt, muß der Kirschenmichel noch 5 oder 10 Minuten in den Ofen.

Pikantes Gebäck

Mit dem Backwerk aus diesem Kapitel läßt sich ein Kindergeburtstag bestreiten oder aber ein Abendessen für die ganze Familie. Es muß ja nicht immer etwas Süßes sein . . .

Wer hat Appetit auf Pizza?

Pizza kannst du immer backen, wenn Gäste kommen. Oder auch mal abends für deine Eltern und Geschwister, wenn du nicht nur belegte Brote machen möchtest.
Wenn du Pizza für mehrere Personen machst, backe am besten auf dem Backblech. Du brauchst dann natürlich mehr Teig und Zutaten für die Auflage als für die Springform, die für 1 bis 2 Personen reicht. Also: Einfach alles verdoppeln oder verdreifachen, je nach Zahl der Pizzafreunde.

Grundteig für Pizza   B

Für 1 Pizza in einer Springform (28 cm Durchmesser) brauchst du:
250 g Mehl,
½ Päckchen Trockenbackhefe (Inhalt 7 g),
1 Messerspitze Salz,
1 Messerspitze Oregano oder Majoran,
1 Eßlöffel Öl,
60 g Margarine,
ca. ⅛ l lauwarmes Wasser (= 125 ccm, oder Milch),
Öl zum Auspinseln der Form.
Diese Teigmenge reicht für zwei! Es sei denn, du hast einen Riesenhunger . . .

Und so wird es gemacht:

Gesiebtes Mehl, Trockenbackhefe, Salz, Oregano, Öl und weiche Margarine in eine Schüssel geben und vermischen. Lauwarmes Wasser (es darf auf keinen Fall zu heiß sein!) unterrühren. Dann alles kräftig zu einem glatten Teig verkneten. Daraus eine Kugel formen und sie mit einem Küchentuch bedeckt 15 Minuten gehen lassen. Streue dann etwas Mehl auf die Arbeitsfläche und knete den Teig nochmals tüchtig durch. Jetzt kannst du ihn zu einer dünnen Teigplatte ausrollen.
Die Springform oder eine glatte Tortenbodenform mit Öl auspinseln. Den Teig hineinlegen und mit den Fingern

rundherum einen 1 cm hohen Rand drücken. Steche den Teigboden ein paarmal mit der Gabel ein, damit sich beim Backen keine Luftblasen bilden.

Jetzt kannst du die Pizza nach deinem – oder deiner Gäste – Geschmack belegen. Wähle jeweils eine von den folgenden Auflagen für die Pizza.

Pizza Neapolitana   B

Für 1 Pizza in einer Springform brauchst du:

Zutaten für Grundteig,
50 g durchwachsenen Speck (besser schmeckt roher Schinken),
½ Dose geschälte Tomaten (220 g),
etwas Pfeffer und Salz,
½ Kaffeelöffel Oregano (oder Majoran),
5–6 Sardellenfilets,
4 gehäufte Eßlöffel geriebenen Käse (z. B. Parmesan).

Und so wird es gemacht:

Bereite den Pizzateig, wie angegeben.
Heize den Backofen vor (Elektroherd 220° C, Gasherd Stufe 4).
Den Speck in hauchdünne Scheiben schneiden, so daß du fast durchsehen kannst, und auf den Pizzateig legen.
Die Dose öffnen und die Tomaten auf einem Durchschlag oder einem Sieb abtropfen lassen. Die Tomaten auf der Pizza verteilen und dabei etwas zerdrücken. Wenig Pfeffer und Salz und den Oregano darüberstreuen.
Die Sardellenfilets in Wasser gründlich waschen, so daß die Salzkörner ausgespült werden. Besser ist es, du legst sie außerdem noch 10 Minuten in Wasser oder Milch. Dann verteilst du sie auf der Pizza.

Den geriebenen Käse darüberstreuen und die Pizza im Backofen in 25 bis 30 Minuten zu schöner Farbe backen.

Bei normal großem Hunger werden damit zwei Personen satt.

Tip:
Wenn du eine der Zutaten nicht magst, zum Beispiel die Sardellen, kannst du sie auch weglassen. Oder du belegst nur die eine Hälfte der Pizza damit und deine nicht.

Und noch einige Pizza-Tips:
Die Mehrzahl von Pizza = Pizzen!
Wenn du gerne Mini-Pizzen backen möchtest, so teile den Grundteig (z. B. bei 4 Personen) in 4 Portionen. Jeden kleinen Teigkloß rolle nun zu einer runden Platte aus (Durchmesser 12 bis 15 cm). Lege die kleinen Pizzen auf das gefettete Backblech.
Jede Mini-Pizza zunächst einige Male mit der Gabel einstechen, dann mit der gewünschten Auflage belegen. Diese Mini-Pizzen haben den Vorteil, daß jede eine andere Auflage haben kann (Reste aus dem Kühlschrank lassen sich auf diese Art gut verwenden!) und außerdem dazu noch ein Teller frischer grüner Salat oder eine Tasse Suppe im Magen Platz haben.
Als Getränk zur Pizza schmecken: Tomaten- oder Gemüsesaft, Apfelsaft oder Pizzelwasser (= Selterswasser, Sprudel) Malzbier

Pizza mit Salami   B

▼

Für 1 Pizza in einer Springform brauchst du:
Zutaten für Grundteig,
½ Dose geschälte Tomaten (= 220 g Inhalt),
etwas Pfeffer,
½ Kaffeelöffel getrockneten Oregano,
80–100 g Salami in Scheiben, nicht zu dünn,
eventuell 1 kleine Dose Champignonscheiben (80 g),
3 gehäufte Eßlöffel (= 50 g) geriebenen Käse (z.B. Parmesan).

Und so wird es gemacht:
Bereite den Grundteig, wie beschrieben.
Heize den Backofen vor (Elektro-Herd 200° C; Gasherd Stufe 4).

Öffne die Dose mit den Tomaten und laß diese auf einem Durchschlag oder Sieb abtropfen. Verteile sie gleichmäßig auf der Teigplatte und zerdrücke sie dabei etwas. Mit Pfeffer und Oregano bestreuen.
Dann die Salamischeiben – und wenn du magst, die abgetropften Champignonscheiben – darauflegen. Mit Käse bestreuen und in die mittlere Einschiebleiste des Backofens schieben.
In 25 bis 30 Minuten zu schöner Farbe backen.
Bei normalem Appetit reicht die Pizza für zwei Personen.

Pizza mit Schinken   B

Für 1 Pizza in einer Springform brauchst du:

Zutaten für Grundteig,
1 Tasse tiefgefrorene Erbsen (= ½ Packung),
100 g gekochten Schinken,
½ Bund Dill (oder Petersilie),
etwas Pfeffer und Salz,
2 Eier,
3–4 gehäufte Eßlöffel geriebenen Käse
(Gouda oder Emmentaler).

Und so wird es gemacht:

Zuerst machst du, wie beschrieben, den Pizzateig und
verteilst die gefrorenen Erbsen darauf. Heize den Backofen vor (Elektroherd 220° C, Gasherd Stufe 4).

Den Schinken in kleine Würfel oder Streifen schneiden
und über die Erbsen streuen.
Dill fein hacken und in ein Schüsselchen geben. Pfeffer,
Salz und die aufgeschlagenen Eier zugeben und mit einem Schneebesen leicht schaumig schlagen. Dann über
Erbsen und Schinkenwürfel gießen. Den geriebenen Käse
darüberstreuen.
Die Pizza in den vorgeheizten Backofen schieben und in
30 bis 35 Minuten zu schöner Farbe backen.
Zwei Personen werden von dieser Pizza sehr satt, wenn
sie nicht gerade einen Bärenhunger haben.

Schinken-Taschen B

Schinken-Taschen sind schnell gebacken und eine pikante Bereicherung des Abendessens. Wenn du außerdem noch eine Suppe anbietest, z. B. eine Fertigsuppe aus dem Päckchen oder aus der Dose oder dazu eine Schüssel mit frischem, grünem Salat reichst, hast du eine leckere Mahlzeit für deine Familie oder Gäste.
Die Angaben in diesem Rezept reichen für 12 Schinken-Taschen. Wenn ein Geburtstag oder Schulfest gefeiert wird, ein Ausflug oder Picknick geplant ist, kannst du auch eine größere Menge davon backen.

▲ **Du brauchst für 12 Stücke:**

1 Paket tiefgefrorenen Blätterteig (300 g Inhalt = 3 Scheiben),
etwas Mehl zum Ausrollen.
Für die Füllung:
100 g gekochten Schinken,
1 Bund Schnittlauch (es kann auch Petersilie oder Kresse sein),
2 gehäufte Eßlöffel Quark,
1 Eßlöffel Ketchup,
etwas Pfeffer und Paprika;

zum Bestreichen:
1 Eigelb,
2 Eßlöffel Milch.

Und so wird es gemacht:

Nimm die Scheiben Blätterteig aus der Packung und lasse sie bei Zimmertemperatur leicht antauen.

Stelle dir inzwischen alle Zutaten und folgende Geräte bereit: ein Holzbrett und Messer, eine Schüssel und einen Rührlöffel zum Vermischen der Füllung.

Den Schinken in kleine Würfel schneiden und in die Schüssel geben.

Den Schnittlauch (oder andere Kräuter) unter kaltem Wasser abspülen, dann mit Küchenkrepp (= Haushaltspapier) abtrocknen und ganz fein schneiden. Zusammen mit Quark und Ketchup in die Schüssel geben, verrühren und mit etwas Pfeffer und Paprika abschmecken.

Bevor du den Teig ausrollst, stelle erst den Backofen an: den Elektro-Backofen auf 225–240° C, den Gas-Backofen auf Stufe 5–6.

Die Arbeitsfläche mit wenig Mehl bestäuben. Jedes Teigblatt mit dem Rollholz (= Nudel- oder Wellholz) zu einem Quadrat ausrollen. Da die Teigblätter rechteckig sind, wenn sie aus der Packung kommen, brauchst du nur gleichmäßig in die Breite zu rollen, bis alle Seiten gleich lang sind. Dann jedes Quadrat in 4 kleine Quadrate aufteilen.

In die Mitte der Quadrate nun jeweils einen Kaffeelöffel der Schinkenmasse geben.

Das Eigelb mit der Milch verrühren. Die Ränder der Quadrate rundherum mit etwas Eimilch bepinseln.

Dann immer eine Spitze des Quadrates zur gegenüberliegenden Spitze (= diagonal) klappen. Die Teigränder fest zusammendrücken, damit sich die Taschen beim Backen nicht öffnen.

Spüle nun das Backblech unter kaltem Wasser ab, so daß noch etwas Wasser auf dem Blech bleibt. Auf dieses nasse Blech legst du die Schinken-Taschen. Dann bepinselst du die Oberseite mit der restlichen Eimilch.

Das Blech in den heißen Backofen – auf der mittleren Schiene – einschieben. n 20 bis 25 Minuten goldbraune Schinken-Taschen backen.

Löse die fertigen Schinken-Taschen mit einem Pfannenmesser vorsichtig vom Blech. Du kannst sie abkühlen lassen oder auch warm zur Suppe oder Brühe reichen.

> **Tip:**
> Der Backofen muß immer vorgeheizt sein, wenn das Gebäck eingeschoben wird.
> Gebäcke aus Blätterteig enthalten sehr viel Fett. Deshalb wird das Blech nie eingefettet. Das Wasser auf dem Blech verdampft durch die Hitze des Backofens, und das Gebäck geht besser auf.
> Du kannst anstelle von gekochtem Schinken auch sehr gut Salami oder Fleischwurst verwenden. Oder du probierst Käsetaschen mit einer Mischung aus 150 g kleingeschnittenem Gouda, 2 Eßlöffeln fein gehackten Kräutern, etwas Pfeffer und Paprika.

Fleischrolle   C Bild S. 62 rechts

Eine Fleischrolle kannst du backen, wenn dir der Sinn nach Herzhaftem steht. Von ihr werden 4–6 Personen, und zwar Kinder und Erwachsene mit gutem Appetit, satt.

Wenn du z. B. mit Freundinnen und Freunden aus der Schule einen Ausflug machst oder ein Garten-, Wald-, Wiesen- oder Bergfest veranstaltet wird, packst du die frisch gebackene Fleischrolle dick in Alufolie ein und nimmst sie als Überraschung mit.

Für die Fleischrolle brauchst du:

1 Paket tiefgefrorenen Blätterteig (300 g = 3 Scheiben),
etwas Mehl zum Ausrollen,
für die Füllung:
1 Eßlöffel Öl oder Margarine,
1 Zwiebel,
250 g Hackfleisch,
1 kleine Dose Tomatenmark (= 2 Eßlöffel),
1 Kaffeelöffel Salz,
1 Kaffeelöffel Paprika,
½ gestrichenen Kaffeelöffel Pfeffer,
1 Bund Petersilie;
zum Bestreichen:
1 Eigelb,
2 Eßlöffel Milch.

Und so wird es gemacht:

Den Blätterteig aus der Packung nehmen und antauen lassen, wie auf der Packung angegeben.
Stelle dir inzwischen alle Geräte, die du zum Arbeiten brauchst, bereit. Das Kuchenblech und das Rollholz, die Pfanne zum Braten, ein Holzbrett und Messer zum Schneiden, den Dosenöffner, Rührlöffel usw.
Die Zwiebel schälen und in kleine Würfel schneiden. Das Öl oder die Margarine in die Pfanne geben und auf der Stufe 2½ (oder 10 bei der Automatikplatte, große Flamme beim Gasherd) erhitzen. Wenn es zu brutzeln beginnt, das Hackfleisch und die Zwiebelwürfel hineingeben. Das Hackfleisch unter Rühren – am besten mit einem Pfannenheber oder Rührlöffel – 10 bis 12 Minuten anbraten.
Gib dann Tomatenmark und die Gewürze dazu und verrühre alles gut. Die Fleischmasse soll kräftig, aber nicht zu scharf schmecken. Die Kochplatte abschalten (bzw. Gasflamme abstellen).

Während das Hackfleisch etwas abkühlt, kannst du die Petersilie kurz unter kaltem Wasser abspülen und mit Küchenkrepp (= Haushaltspapier) wieder trockentupfen. Dann fein schneiden. Achte bitte auf deine Finger!
Die Petersilie mit dem Hackfleisch vermischen.
Heize den Backofen vor (E-Herd auf 225° C; G-Herd auf Stufe 5).
1–2 Eßlöffel Mehl in ein Sieb geben und die Arbeitsfläche gleichmäßig damit bestäuben.
Die Blätterteigscheiben so übereinanderlegen, wie sie in der Packung waren. Nun gleichmäßig zu einem großen Rechteck von 22 × 30 cm ausrollen.
Die Fleischmasse gleichmäßig auf der Teigplatte verteilen. Aber bitte darauf achten, daß rundherum etwa ein 2 cm breiter Rand bleibt, auf dem keine Füllung ist.
Eigelb mit Milch in einer Tasse verrühren und die Ränder damit rundherum bepinseln. Die Fleischrolle von der längeren Seite her aufrollen.
Das Backblech mit kaltem Wasser überspülen, so daß noch Wasser auf dem Blech bleibt. Die Fleischrolle vorsichtig auf das Blech legen. Die Endseiten gut zusammendrücken und eventuell etwas unter die Seitenteile biegen. Die Oberseite der Fleischrolle ebenfalls mit der Eimilch bepinseln.
Das Blech auf der mittleren Schiene in den heißen Backofen schieben. In 35 bis 45 Minuten die Fleischrolle goldbraun backen, dann mit einem breiten Pfannenmesser vorsichtig lockern, aber erst vom Blech nehmen, wenn sie abgekühlt ist. Auf einer großen Platte anrichten und in 8 bis 12 dicke Scheiben schneiden.

Tip:
Zwei Tomaten, in Viertel oder Scheiben, und Petersiliensträußchen zum Garnieren verwenden.

Für jeden etwas...

Praktische Gebrauchsbücher stehen Ihnen, lieber Leser, mit Rat und Information zur Seite, wenn es darum geht, Fragen des täglichen Lebens zu beantworten.
Die hervorragende Sachkenntnis und die verständliche Sprache unserer Fachautoren sind ebenso selbstverständlich wie die sorgfältige Ausstattung unseres großen Buchprogramms.
Damit bietet Ihnen der Falken-Verlag Bücher zum Lesen und Nachschlagen, mit denen Sie Ihr Leben aktiv und erfolgreich gestalten können.

Trockenblumen und Gewürzsträuße
(Best.-Nr. 5084) DM 9,80

Kleingebäck
(Best.-Nr. 5089) DM 9,80

Phantasieblumen
(Best.-Nr. 5091) DM 9,80

Brotspezialitäten
(Best.-Nr. 5088) DM 9,80

Raffinierte Steaks
(Best.-Nr. 5043) DM 9,80

Schmuck und Objekte aus Metall und Email
(Best.-Nr. 5078) DM 16,80

Spanische Küche
(Best.-Nr. 5037) DM 9,80

Zugeschaut und mitgebaut 1 – 4
(Best.-Nr. 5031, 5061, 5077, 5093)
je DM 14,80

Kalte Happen und Partysnacks
(Best.-Nr. 5029) DM 9,80

Gemüse und Kräuter
(Best.-Nr. 5024) DM 9,80

Hobby Holzschnitzen
(Best.-Nr. 5101) DM 14,80

Kinder lernen spielend kochen
(Best.-Nr. 5096) DM 9,80

Das neue Hundebuch
(0009) Von W. Busack, überarbeitet
von Dr. med. vet. A. Hacker, 104 S.,
zahlreiche Abb. auf Kunstdrucktafeln,
kart., DM 6,80

Mietrecht
Leitfaden für Mieter und Vermieter
(0479) Von Johannes Beuthner,
196 S., kart., DM 12,80

Scheidung und Unterhalt
nach dem neuen Eherecht
(0403) Von Rechtsanwalt H.T. Drewes,
104 S., mit Karten und Unterhaltstab.,
kart., DM 7,80

Der neue Briefsteller
(0060) Von I. Wolter-Rosendorf,
112 S., kart., DM 5,80

Die erfolgreiche Bewerbung
(0173) Von W. Manekeller,
152 S., kart., DM 8,80

Verse fürs Poesiealbum
(0241) Von Irmgard Wolter,
96 S., 20 Abb., kart., DM 4,80

Knobeleien und Denksport
(2019) Von Klas Rechberger, 142 S.,
viele Zeichnungen, kart., DM 7,80

Heimwerker-Handbuch
Basteln und Bauen mit elektrischen
Heimwerkzeugen
(0243) Von Bernd Käsch, 204 S.,
229 Fotos und Zeichnungen,
kart., DM 9,80

Großes Rätsel-ABC
(0246) Von H. Schiefelbein, 416 S.,
gbd. DM 16,80

Stricken, häkeln, loopen
(0205) Von Dr. Marianne Stradal,
96 S., 100 Abb., kart., DM 5,80

Tennis
Technik – Taktik – Regeln
(0375) Von Harald Elschenbroich,
112 S., 81 Abb., kart., DM 6,80

Wie soll es heißen?
(0211) Von Dr. Köhr,
88 S., kart., DM 5,80

**Beliebte und neue
Kegelspiele**
(0271) Von Georg Bocsai,
92 S., 62 Abb., kart., DM 4,80

Vorbereitung auf die Geburt
Schwangerschaftsgymnastik,
Atmung, Rückbildungsgymnastik
(0251) Von Sabine Buchholz,
112 S., 98 Fotos, kart., DM 6,80

Spaß am Laufen
Jogging für die Gesundheit
(0470) Von Werner Sonntag,
120 S., 36 Abb., kart., DM 6,80

**Glückwünsche, Toasts
und Festreden zur Hochzeit**
(0264) Von Irmgard Wolter, 88 S.,
kart., DM 4,80

Spielend Schach lernen
(2002) Von Theo Schuster,
128 S., kart., DM 6,80

Spiele für Kleinkinder
(2011) Von Dieter Kellermann,
80 S., kart., DM 5,80

Selbst tapezieren und streichen
(0289) Von Dieter Heitmann und
Jürgen Geithmann, 116 S., 67 Abb.,
kart., DM 6,80

**Von der Verlobung
zur Goldenen Hochzeit**
Vorbereitung – Festgestaltung –
Glückwünsche
(0393) Von Elisabeth Ruge, 120 S.,
kart., DM 6,80

Bruce Lees Kampfstil 2
Selbstverteidigungs-Techniken
(0486) Von Bruce Lee, M. Uyehara,
128 S., 310 Fotos, kart., DM 9,80

Pilze
erkennen und benennen
(0380) Von J. Raithelhuber, 136 S.,
106 Farbfotos, kart., DM 9,80

Falken-Handbuch Pilze
Mit über 250 Farbfotos und Rezepten
(4061) Von Martin Knoop, 276 S.,
250 Farbfotos, 28 Zeichnungen,
gbd. DM 36,–

Ziervögel
in Haus und Voliere
Arten · Verhalten · Pflege
(0377) Von Horst Bielfeld, 144 S.,
32 Farbfotos, kart., DM 9,80

Beeren und Waldfrüchte
erkennen und benennen –
eßbar oder giftig?
(0401) Von J. Raithelhuber, 136 S.,
90 Farbfotos, 40 s/w, kart., DM 16,80

Arzneikräuter und Wildgemüse
erkennen und benennen
(0459) Von J. Raithelhuber, 140 S.,
108 Farbfotos, kart., DM 12,80

Tee für Genießer
(0356) Von Marianne Nicolin, 64 S.,
4 Farbtafeln, kart., DM 5,80

Fred Metzlers
Witze mit Pfiff
(0368) 120 S., Taschenbuchformat,
kart., DM 5,80

Selbst Brotbacken
mit über 50 erprobten Rezepten
(0370) Von Jens Schiermann, 80 S.,
mit 6 Zeichnungen und 4 Farbtafeln,
kart., DM 6,80

Kalorien · Joule
Eiweiß · Fett · Kohlenhydrate
tabellarisch nach gebräuchlichen
Mengen
(0374) Von Marianne Bormio, 88 S.,
kart., DM 4,80

Zimmerpflanzen
(5010) Von Inge Manz, 64 S.,
98 Farbabb., Pbd. DM 9,80

Die 12 Sternzeichen
Charakter, Liebe und Schicksal
(0385) Von Georg Haddenbach,
160 S., gbd., DM 9,80

**Möbel aufarbeiten, reparieren
und pflegen**
(0386) Von E. Schnaus-Lorey,
96 S., 104 Fotos und Zeichnungen,
kart., DM 6,80

Selbst Wahrsagen mit Karten
Die Zukunft in Liebe, Beruf und
Finanzen
(0404) Von Rhena Koch, 112 S.,
viele Abb., Pbd., DM 9,80

Einkochen
nach allen Regeln der Kunst
(0405) Von Birgit Müller, 96 S.,
8 Farbtafeln, kart., DM 6,80

Die besten
Tierwitze
(0496) Herausgegeben von
Peter Hartlaub und Silvia Pappe,
112 S., 25 Zeichnungen, kart., DM 5,80

Tauchen
Grundlagen – Training – Praxis
(0267) Von W. Freihen, 144 S.,
71 Fotos und Farbtafeln, kart., DM 9,80

Moderne Schmalfilmpraxis
Ausrüstungen · Drehbuch · Aufnahme
Schnitt · Vertonung
(4043) Von Uwe Ney, 328 S., mit über
200 Abb., teils vierfarbig,
gbd., DM 29,80

Windsurfing
Handbuch für Grundstein und Praxis
(5028) Von Calle Schmidt, 64 S.,
über 50 Abb., durchgehend vierfarbig,
Pbd., DM 9,80

Reiten
Vom ersten Schritt zum Reiterglück
(5033) Von Herta F. Kraupa-Tuskany,
64 S., mit vielen Zeichnungen und
Farbabb., Pbd., DM 9,80

Die Selbermachers
renovieren ihre Wohnung
(5013) Von Wilfried Köhnemann,
148 S., 374 Farbabb., Zeichnungen
und Fotos, kart., DM 14,80

Bauernmalerei
leicht gemacht
(5039) Von Senta Ramos, 64 S.,
78 vierfarbige Abb., Pbd., DM 9,80

Großes Getränkebuch
Wein · Sekt · Bier und Spirituosen
aus aller Welt, pur und gemixt
(4039) Von Claus Arius, 288 S.,
mit Register, 179 teils großformatige
Farbfotos, Schuber, gbd., DM 58,–

Die besten
Ostfriesenwitze
(0495) Herausgegeben von
Onno Freese, 112 S., 17 Zeichnungen,
kart., DM 5,80

Moderne Fotopraxis
Bildgestaltung · Aufnahmepraxis ·
Kameratechnik · Fotolexikon
(4030) Von Wolfgang Freihen, 304 S.,
mit 244 Abb., davon 50 vierfarbig,
Balacron mit vierfarbigem Schutz-
umschlag, abwaschbare Polylein-
prägung, DM 29,80

Falken-Handbuch spielen
drinnen und draußen, für jung und alt
(4034) Von Heinz Görz, 430 S.,
mit 370 farbigen Zeichnungen,
gbd., DM 36,–

CB-Code
Wörterbuch und Technik
(0435) Von Richard Kerler, 120 S.,
mit technischen Abb., kart., DM 7,80

Münzen
Ein Brevier für Sammler
(0353) Von Erhard Dehnke, 128 S.,
30 Abb. – teils farbig –, kart., DM 9,80

Naive Malerei
leicht gemacht
(5083) Von Felizitas Krettek,
64 S., 76 Farbfotos, Pbd., DM 9,80

Balkons in Blütenpracht
zu allen Jahreszeiten
(5047) Von Nikolaus Uhl, 64 S.,
82 vierfarbige Abb., Pbd., DM 9,80

Grillen
drinnen und draußen
(4047) Von Claus Arius, 152 S.,
30 Farbtafeln in flexiblen Karton,
gbd., DM 12,80

Moderne Korrespondenz
(4014) Von H. Kirst und W. Manekeller,
570 S., gbd., DM 39,–

Die hier vorgestellten
Bücher sind nur eine
Auswahl aus unserem großen
Ratgeber- und Sachbuch-
programm.
Bitte fordern Sie unser
kostenloses Gesamt-
verzeichnis an.

Falken-Verlag GmbH · Postfach 1120
D-6272 Niedernhausen/Ts.

Die Frau als Hausärztin
(4072) Von Dr. med. Anna Fischer-
Dückelmann, 808 S., 16 Farbtafeln,
174 Fotos, 238 Zeichnungen, DM 58,–

Kalte Platten
(4064) Von Maître Pierre Pfister,
240 S., 135 großformatige Fotos,
gbd., DM 48,–

Judo
Grundlagen-Methodik
(0305) Von Mahito Ohgo, 204 S.,
mit 1025 Fotos, kart., DM 14,80

Sportfischen
Fische – Geräte – Technik
(0324) Von Helmut Oppel, 144 S.,
mit 49 Fotos, Abb., und 8 Farbtafeln,
kart., DM 9,80

Katzen
Rassen · Haltung · Pflege
(4216) Von Brigitte Eilert-Overbeck,
96 S., 82 großformatige Fotos,
Pbd., DM 19,80

Das Aquarium
Einrichtung, Pflege und Fische für
Süß- und Meerwasser
(4029) Von Hans J. Mayland, 334 S.,
mit über 415 Farbabb. und Farbtafeln
sowie 150 Zeichnungen und Skizzen,
gbd., DM 36,–

Hunde-Ausbildung
Verhalten – Gehorsam – Abrichtung
(0346) Von Prof. Dr. R. Menzel,
96 S., 18 Fotos, kart., DM 7,80

Faszinierende Formen und Farben
Kakteen
(4211) Von Katharina und Franz Schild,
96 S., 127 großformatige Farbfotos,
Pbd., DM 19,80

Astrologie
Charakterkunde – Schicksal, Liebe
und Beruf – Berechnung und
Deutung von Horoskopen-
Aszendenttabelle
(4068) Von B. A. Mertz, mit einem
Geleitwort von Hildegard Knef, 342 S.,
mit erläuternden Grafiken,
gbd., DM 29,80

Das farbige Kinderlexikon
von A–Z
(4059) Herausgegeben von
Felicitas Buttig, 392 S., 386 farbige
Abb., Pbd., DM 29,80